# 越读越有道理的
# 管理故事与哲理

叶 舟◎著

黑龙江教育出版社

图书在版编目（CIP）数据

越读越有道理的管理故事与哲理 / 叶舟著. -- 哈尔滨：黑龙江教育出版社, 2017.4
　　ISBN 978-7-5316-9212-6

　　Ⅰ.①越… Ⅱ.①叶… Ⅲ.①管理学—通俗读物
Ⅳ.①C93-49

中国版本图书馆CIP数据核字（2017）第116132号

越读越有道理的管理故事与哲理
Yuedu Yueyou Daoli De Guanli Gushi Yu Zheli

叶　舟 著

| | | |
|---|---|---|
| 责任编辑 | 鲁国艳 | |
| 装帧设计 | MM末末美书 | |
| 责任校对 | 唐彦伟 | |
| 出版发行 | 黑龙江教育出版社 | |
| | （哈尔滨市南岗区花园街158号） | |
| 印　　刷 | 天津安泰印刷有限公司 | |
| 开　　本 | 880毫米×1230毫米　1/32 | |
| 印　　张 | 7 | |
| 字　　数 | 140千 | |
| 版　　次 | 2018年1月第1版 | |
| 印　　次 | 2018年1月第1次印刷 | |

| 书　号 | ISBN 978-7-5316-9212-6 | 定　价 | 26.80元 |
|---|---|---|---|

黑龙江教育出版社网址：www.hljep.com.cn
如需订购图书，请与我社发行中心联系。联系电话：0451-82533097　82534665
如有印装质量问题，影响阅读，请与我公司联系调换。联系电话：010-64926437
如发现盗版图书，请向我社举报。举报电话：0451-82533087

# 前言
## preface

时代飞速发展，社会不断进步，瞬息万变的市场信息，层出不穷的经营问题，这对每一个管理者都提出了更多的挑战。一个企业的进退存亡，管理者的自身素养、管理水平、经营策略、创新能力至关重要。在一切管理活动中，管理者自始至终发挥着无可替代的作用。可以说，管理者的管理能力高低，决定着管理的成败，决定着企业的兴衰。

对于什么是管理，如何管理，如何引导各项管理活动按着既定的方向发展，达成既成的战略目标，实现卓有成效的管理，是每一位管理者为之关心而又感到烦恼的事情。不少管理者在管理过程中，感觉摸不到头绪，甚至感到迷茫困惑，管理起来困难重重。

中国有句话叫"大道至简"，意思是说看上去深奥复杂的大道理是极其简单的，简单到一两句话就能说明白。一门学问一门技巧，弄得很深奥是因为没有洞察其中的实质，搞得很复杂是因为没有把握其中的要领。想要真正理解并掌握管理艺术，不妨牢记这样一句话：越是深刻的道理其表现形式越是简单。

故事是历史的积淀，是智慧的结晶，是经验的总结，是哲理的升华。有时，我们不得不惊叹：许多艰深的管理问题可以用一则简单而深刻的故事来轻松表达。这给我们学习管理提供了一种简易、方便、快速、有效的入门途径。在学习管理艺术的过程中，发人深省的故事和真实精彩的案例总是能给予人更多的启发，它们往往能起到举一反三、事半功倍的效果，而这比单纯的说教有效得多。

　　为此，本书精选了近百则形式多样的管理故事，既有像福特、杰克·韦尔奇、松下幸之助、稻盛和夫等世界一流管理经营大师的管理案例，也有像李嘉诚、柳传志、张瑞敏、马云、史玉柱等当代优秀企业家的亲身管理经历，也有像刘邦、刘备等古代政治家治政用人的案例，更有广为流传的古今管理故事。故事横跨古今、纵贯中外、包罗万象、精彩纷呈，涉及领导力、执行力、制度、授权、沟通、激励、团队、决策、创新等重大管理环节，通过浅显易懂的语言、趣味横生的讲述，将管理的原理、策略、方法、技巧一一向你娓娓道来，让你轻松学习管理知识，用最简单的形式在最短的时间内掌握最深刻的管理原理，提升自己的管理艺术。

　　每一个故事的结尾，都附有准确精当的点评，多方位多角度挖掘、解析故事中所蕴含的管理哲理。故事引人入胜，发人深省，点评言简意赅、见解独到。两者相辅相成、相得益彰，熔知识性和趣味性于一炉，集指导性和借鉴性于一书。不说教、不繁复、不刻板、不枯燥，让你学习起来举一反三，管理起来事半功倍。

　　本书不仅是一本管理故事集，也是一本管理哲理书，更是一本不可多得的管理学入门教程和管理指南，不仅适合从事管理实践的每一位企业管理者、各级经理人阅读，也适合每一个刚刚步入管理岗位的新领导人及有志于从事管理事业的广大读者。

　　读故事，悟哲理；小故事，大管理。滴水藏海，小中见大，随手翻翻就有收获，反复阅读体会更深。在故事中悟哲理，在故事中学管理，管理其实很有趣，管理其实很简单！

# 目录
## ● contents ●

## 第四辑　人才管理：以奋斗者为本

## 第八辑    团队管理：把人人带成干将

## 第九辑    创新管理：危机中的挑战与变革

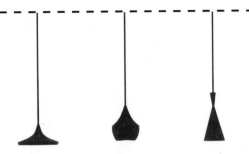

# 第一辑

## 自我管理：管理者素养与魅力塑造

一个领袖人物必须正直、诚实、顾及他人的感受，并且不把个人或小团体的利益和需要摆在一切衡量标准的首位。否则人们就不会追随他。

——约翰·科特（美）

如果领导者缺乏正直的品格，那么，无论他多么有知识、有才华、有成就，也会造成重大损失。

——德鲁克（美）

在我看来，要成为好的管理者，首要任务是自我管理，在变化万千的世界中，发现自己是谁，了解自己要成为什么模样，建立个人尊严。

——李嘉诚

# 01　人格魅力是管理人格的灯塔

华盛顿的人格丰碑

## 📝 管理故事

　　美国开国元首华盛顿一生的行事为人，处处让人体会到他的谦卑、真诚和执着。他功勋卓著却不贪恋权力，即使在处于权力巅峰、统率千军万马之时，他也从来没有自我膨胀，没有任何狂妄的野心。他作风平和，踏实认真，讲话不多，但他的每一次讲话都发自内心，真挚感人，能字字句句打入人的心坎。告别政坛之后，他毅然临危受命，再度应召为国服务，却断然拒绝了总统提名，他的每一次选择都证实了他纯洁无私的人格。

　　作为美利坚合众国的首位总统，他肩负起组建联邦政府机构的责任。他心胸宽广，把美国第一流的人物都纳入他的政府。为了确立政府的威信，他力求从人的才能和品德来判断选举人才。他对各部官员的选择有两个条件：第一要受到人们的欢迎和爱戴，第二要对人民有影响力，两者缺一不可。面对政府内阁中的党派之争，他总是冷静地用超人的智慧加以调解，对待联邦党人和共和党人的论争，他希望能不带偏见地将对美国有利的观点集中起来。他不想压制别人的意见。他对别人过人的才干，毫无卑劣的嫉妒之心，他把当代最伟大的政治家团结在自己周围，使之造福国家。他主张为人处世要襟怀坦白，光明磊落。

　　他虽然大权在握，却始终听从良知的召唤，谨慎谦卑地使用权力。后人可以从他身上看到，原来政治家还能够是这样一种形象。也正是他，用自己的言行，告诉世人，政治和道德可以良性结合到什么程度。华盛顿犹如一座政治人格的灯塔，时刻提醒着拥有或想拥有权力的人们，不要在权力的迷宫里晕头转向。

正是他的这种伟大品格，使他赢得了众人的信任和爱戴。在独立战争期间，大陆会议决定授予他相当独断的军事指挥权，最终帮助美国获取了独立。而在联邦政府成立期间，他被一致推选为第一任总统。在宪政陷入争吵的时候，也正是凭借他的伟大人格，才有效地协调了各派的利益，把各种不同派别的人团结在自己周围。他的伟大品格促成了他的丰功伟绩。

## 📚 管理的哲理

领导者要获得对成员的感召力、影响力，其个人魅力是最重要的前提之一。魅力是一种无形的力量。没有魅力的领导者也能行使领导权，但同有魅力的领导者相比，领导效果是截然不同的。领导魅力是领导者所具备的非凡品质，在领导活动中表现为对追随者的吸引力、凝聚力和感召力，进而形成领导者和追随者之间的和谐关系，是一种对被领导者所起的一种权力难以达到的、心悦诚服的拥护和信任的影响力。领导魅力既是领导者的隐形素养，又是其为官为政受用终身的宝贵财富。

李嘉诚在总结他多年的管理经验时说："如果你想做团队的老板，简单得多，你的权力主要来自地位，这可来自上天的缘分或凭仗你的努力和专业知识；如果你想做团队的领导，则较为复杂，你的力量源自人格的魅力和号召力。"由此可见，领导者只有把自己具备的素质、品格、作风、工作方式等个性化特征与领导活动有机地结合起来，才能较好地完成领导任务，体现领导能力。没有人格魅力，领导者的领导能力难以得到完美体现，其权力再大，工作也只能是被动的。

领导者常常是一个组织的核心，这是领导工作的基本特点。但是，领导者怎样才能真正以人格魅力起到核心的作用，这就需要领导者有较高的人生境界。

# 02　以坚强的意志去实现理想

撒切尔：雄心永无止境

## ✎ 管理故事

英国前首相撒切尔有种反常规、不屈服的精神。有人给她冠以"铁娘子"的称号来描绘她的特点，从某种程度上讲这太生硬，但却变成一种优势，因为这让她形成一种有力的形象，使她能领导和指挥那些对自己有个女领袖没有把握的选民。

大多数女领袖都面临内在形象问题，她们在面对激烈反对时，背着不应有的软弱的包袱，面对重大危险和恫吓时，妇女通常不会以进攻姿态斗争。但撒切尔的情形则恰恰相反。撒切尔喜欢战斗，她的竞争性令对手头痛，尤其是让那些不习惯于如此坚定的女人的男人头痛。撒切尔以她毫不动摇、自信正确的立场使男人们迷惑不解，而有所畏惧。她说："我并不强硬，我是极其温和的。但我不想任人摆布，我不想违背自己的意志行事——我是牌中'大王'，'大王'所做的就是领导阁僚，他们当然在我后面，如果他们走到前列，那么他们就成领袖了。"

撒切尔在斗智战斗中绝不闪烁其词，也不谦恭柔顺，这种个性使她成为具有个性和坚定力量的不可征服的人物，这是所有的男女领导人必备的品格，这种人格激发同僚对她的信任感，却遭到对手的敌视。《芝加哥论坛》的朗沃斯描绘撒切尔"可能是西方领袖中最令人崇敬和憎恨、最迷人又最乏味、最激进而又最保守的领导人"。英国女皇对这个直率的女性给予赞扬性评述："玛格丽特·撒切尔很尊重你的看法，许多人做不到这点，尤其是与皇室会谈时。"一位撒切尔的前老板说："她的雄心永无止境。"撒切尔的热诚崇拜者则不断地称赞她"轻松，给人启迪"，她激烈、强硬和无所畏惧，甚至她父亲也说："玛格丽特99.5%是完美的，另外0.5%便是她如果稍微温和一点就好了。"撒切尔的激烈包藏着能量，使她能冲破常人设置的限制；她是个工作狂，单单凭借热情的能量便能让对手敬服。

这个被党内同僚视为"毫无希望的中产阶级"的女人，最后在53岁时成为首相，不屈不挠的个性使撒切尔在踏上政界高位征途中不断胜利。

撒切尔总是极度乐观，相信自己知道怎么做。她的整体观令那些不习惯于这种直率坦诚的选民激奋而耳目一新。玛格丽特·撒切尔之所以能够达到政治生涯的顶峰，正是由于她坚持不懈的精神和力争最佳的竞争性，她有不可思议的能量。

## 🛋 管理的哲理

意志，就是自觉确定目的，并根据目的来支配、调节自己的行动，克服困难和惰性，从而实现理想的心理素质。人们为了实现某种预想的目的，根据自己对客观现实的认识，能动地克服困难，去变革客观实在的活动叫作意志活动。在意志活动过程中，个人形成的意志特点，就是一个人的意志品质。

如果管理者的意志不坚强，意志薄弱，没有主见，就会造成事业的失败，带来人心的涣散。商场如战场，在激烈的市场竞争中，管理者的意志便在一定意义上成为决定企业成败的重要因素。因为管理者的意志影响着目标的确定、计划的制订、管理方式方法的选择等方面，更重要的是体现在对贯彻、执行目标、计划、决策的坚定性，对选择管理方式方法的果断性上。作为一名管理者，一定要在平时就注意培养自己意志的坚定性，只有这样，才能够征服他人，并获取他人信任，最终成为一位好的企业家，好的领导者。

03　自控力决定领导力

令人遗憾的"巴顿性格"

## ✎ 管理故事

　　作为一位领导者最容易出现的没涵养的情况便是脾气暴躁，不给人留余地，如果这样，哪怕你才华盖世也会自毁前程，巴顿便是著名的例子。

　　巴顿是"二战"时期著名的美国将领。他作战勇猛无畏，但是他桀骜不驯，性如烈火，缺乏保持沉默的自控力和涵养，生命与感情之火要比常人燃烧得更旺。正是这种性格使他险遭厄运。

　　1943年8月3日，巴顿在通往前线的路上发现了指示通往第十五后勤医院去的路标，他马上叫司机把车开到医院去。本来，这次偶然的探访与往常没有什么不同——真诚的问候、深切的同情以及赠送勋章等。但正当他热情洋溢地与伤病员交谈的时候，他发现他准备将其撤职的师长艾伦手下的一名士兵，蹲在帐篷附近的一个箱子上，显然没有受伤。巴顿问他为什么住院，他回答说："我觉得受不了。"医生说他得了"急躁型中度精神病"，这是第三次住院了。巴顿听罢大怒，多少天积累起来的火气一下子发泄出来，他痛骂那个士兵，用手套打他的脸，并大声吼道："我决不允许这样的胆小鬼躲藏在这里，他的行为已经损坏了我们的声誉。"巴顿的所作所为使在场的医护人员都感到十分震惊。

　　由于当时战事吃紧，这一事件没有立即引起反响。

　　8月5日，巴顿向高级军官发布了一份备忘录：

　　"我注意到，一小部分士兵跑到医院，说自己神经紧张，不能参加战斗。这些人是胆小鬼，玷污了我军的荣誉，对于那些坚守阵地的战士也是一种污辱，他们把医院当作避难所。"

　　很快，巴顿打人的消息传遍了第七集团军，新闻界也议论纷纷。甚至有人报告了艾森豪威尔。巴顿被迫公开道歉。尽管由于各方面的努力，巴顿仍留在艾森豪威尔的麾下，没有受到处分，但是，就艾森豪威尔看来，巴顿在仕途上已经达到了顶峰。虽然后来有了集团军司令的空缺，但艾森豪威尔从未考虑到巴顿，因为他认为巴顿的某些性格"令人遗憾"。

## 管理的哲理

　　管理者最重要的素质之一就是要有涵养，保持情绪稳定，性格平和宽容，神情安详从容，具有一种博大的容纳力和化解力，能随时消除各种刺激带来的紧张焦虑和急躁冲动等激烈的情绪，这才有利于管理者比被管理者或普通人更有适应能力和应变能力，适应和对付各种不同的复杂环境和复杂人事，进而实现领导。反之，躁动不安，极易焦急冲动，任性放纵，领导者的涵养就等于零。

　　虽然巴顿在决策和指挥时领导才能出众，但是缺乏涵养使他失去了继续独立决策和指挥的机会。所以，涵养对管理者来说十分重要。

04　管理从管理自己开始

井植薰：要造就员工，先造就自己

### 管理故事

1949年底，37岁的井植薰跟自己的哥哥一起，用积蓄的2000万日元办起了三洋机电公司。"三洋"的含义就是面向三个大洋：大西洋、太平洋、印度洋。到20世纪80年代末，三洋在世界各地已经拥有101家从事制造或销售的子公司，三洋电机终于成为名副其实的横跨三大洋的跨国集团公司。

在管理实践中，井植薰认为，要想造就员工，先得塑造自己。井植薰响亮地提出"制造社长""制造总经理"的口号。他自己就是一个塑造自己的楷模。他每天去公司上班的时间可以精确到以秒计算的程度。时间长了以后，公司大楼的门卫竟然把他当成了标准时钟，每当他的身影出现在公司大门前，门卫就会有意无意地伸手看自己的表，嘴里老是"真准时啊"地说个不停。他这种坚持不懈地严格遵守公司纪律的做法，为全体员工起到了一个良好的表率作用。

"24—16—8"工作制，是他喊出的另一个口号。他认为，董事以上的干部要具备24小时都为公司工作着想的觉悟，对工作一定要"走火入魔"，时刻为公司操心，甚至晚上做梦也不能忘。对一般管理干部，则要求每天为公司干16小时，除了晚上睡觉做梦可以悉听尊便外，其他时间都必须思考公司的工作。至于一般职工，则要求工作8小时，只要上班时间考虑工作就可以了。

井植薰把自己比喻为一条蚯蚓。在他看来，人应当像蚯蚓那样，永远不知辛劳地在漆黑的泥土中探索，把自己的全部心血奉献给耕耘的事业，为后人留下一片片松软的沃土。他以实际行动向世人证明这一点，他倾注了大半辈子的精力创立和发展了三洋公司。1985年，当他退休以后，仍然无时无刻不在为企业的经营和发展废寝忘食。

## 🏛 管理的哲理

合格的管理者，首先是一个以身作则的人。他的一言一行都是下属学习的楷模，他要求别人做到的事情，自己首先得做到，这是一种看得见的说服力。

"禁胜于身，则令行于民"出自春秋初期政治家管子，这句话就是我们常说的"只要以身作则，就能令行禁止"。禁令能约束住君主自身，其政令就能在百姓中施行。一国之君如能做到这一点，就能把国家管理得井井有条。管理公司也同样如此，如果管理者本身可以以身作则，那么公司的治理定然有条不紊。

古人说："以铜为镜，可以正衣冠；以史为镜，可以知兴替；以人为镜，可以明得失。"历史就是一面镜子。古人尚且如此，更何况当今的管理人员。振臂一呼应者云集的领导能力绝不是一个职位本身所能赋予的，没有追随者的领导剩下的只是职权威慑的空壳。管理者总是员工目光追随的焦点，因此，管理者必须以身作则，养成良好的工作习惯和道德修养。

作为管理者，不能自律，就无法以德服人。如果无法取得他人的信赖和认可，将必败无疑。好的管理者必须懂得，要求下级和员工做到的事，自己必须先做到，要想造就他人，必先造就自己。

# 05　身先士卒，才有千军万马

宗庆后：好老板好员工

## ✎ 管理故事

宗庆后虽然一向以严厉著称，但他深受员工爱戴。在娃哈哈和达能对垒的100多天里，宗庆后一直受到媒体的苛责，认为他缺乏契约精神，但跟随他多年的员工和与之合作的经销商却纷纷表示支持宗庆后。

2007年4月9日，娃哈哈全体职工代表发表声明，称坚定支持宗庆后："为了企业的发展，宗总牺牲了个人，牺牲了健康，他所付出的心血与汗水，全体职工看在眼里，铭记在心！"第二天，娃哈哈全国经销商代表也发表声明支持宗庆后："我们想对宗总说：任何时候，我们都愿意跟着您和您的队伍重新创业。哪怕是你们'自立门户'，重新打造品牌，我们也愿意跟着你们再搏一次！我们相信，既然我们能够与宗总一起在一穷二白的基础上做出今天娃哈哈的成绩，我们同样也可以重新打造另外一片新天地。我们经销商队伍坚决与宗总、与娃哈哈队伍同进退共患难。"

对此，宗庆后深感欣慰，但依旧表现得波澜不惊，他说："我当时对此感到相当欣慰，但这也在意料之中，这支队伍陪我这么多年了，心里还是非常有底的。"

宗庆后能受到员工和经销商的如此支持，并非因为他是娃哈哈的一把手，而是因为他身先士卒的奉献精神和一如既往地对员工利益的关心。

首先，宗庆后的勤劳和拼命是出了名的。创业这么多年以来，宗庆后保持了一年365天有200天亲赴市场一线考察的记录。跟宗庆后出差是娃哈哈员工既感光荣又觉无奈的"苦差"。出差期间，宗庆后几乎每天都是早上6点多出门，晚上11点才回酒店，中间几乎没有休息时间。如果有空，宗庆后还会亲自去看看市场，而离开时总会拎很多样品回去。终于到吃饭休息的时间了，宗庆后又对刚吃到的菜肴产生了兴趣，便立即派遣员工去研究一下。宗庆后的精力实在过于旺盛，很多年轻人都比不上他，但看到领导这么卖力，他们也就没有怨言了。如果没有出差，宗庆后几乎吃住都在公司：吃的是公司食堂，住的是自己的办公室。有些员工劝他多休息，他却说道："我们虽然做大做强了，但饮料市场风云变幻，乐百氏、健力宝、旭日升纷纷倒下后，我们的对手就是世界著名的饮料集团了，我们要为中国民族制造业争一口气，我哪有时间休息呢！"

其次，宗庆后知道光以身作则还不够，还必须给员工看得见的好处才能激励他们像自己一样努力。娃哈哈发展壮大之后，宗庆后拿出一部分股份分发给了员工。

## 🗄 管理的哲理

宗庆后的领导力多以这种对员工和经销商的巨大影响力的形式呈现出来，一般来说，影响力包含主观和客观两个层面。

就主观而言，管理者是否愿意更大范围地影响他人，是否希望更多的人追随自己行动。这反映在行为上，是热情地推销自己的主张，极力说服他人；作为内驱力，是建立在自信心基础上的对领导责任、权力和成就的追求，并且主动提升领导水平和领导艺术，提高组织效率，达到更好的领导效果，从而获得更广泛的领导力。

另外，从客观上来说，值得信赖的领导必须明确领导的责任并且恪守自己的核心价值，他们会为了赢得员工的信赖而努力奋斗。就私人而言，值得信赖的领导往往是最正直的人，致力于打造一个经久不衰的公司。他们将自己视为公司财产的管家和所有股东的奴仆，而不会自我膨胀。

有人曾问宗庆后娃哈哈为什么不上市，宗庆后回答说："上市之后只能有50个股东，而现在娃哈哈的每个员工都是公司的股东。他们不愿意上市，我尊重他们的意愿。"从这里我们看出，宗庆后虽然魄力十足，行事雷厉风行，但在根本上他是以公司和员工的发展为基础的，这是他卓越领导才能的核心力量。

# 06　信心是管理者最可靠的资本

霍英东：意志拯救了我

## ✏ 管理故事

当我们研究、分析一些顶级商人的奋斗史时，就会发现，他们在起步时一定有充分信任自己能力的坚强自信心。他们的自信心坚定到任何艰难险阻都不足以使他们怀疑、恐惧，因此，他们才会在商场所向无敌。亿万富商霍英东就是其中的典型代表。霍英东曾经说过："信心是最可靠的资本。"

霍英东从小就不甘心平庸地过一生，决定要创出一番事业。有一次，他听说日本人正在高价收购一种可以制药的海草，于是就和别人合资，租了一艘机动船，雇用了许多渔民，满怀信心地前往东沙群岛去采集海草。

由于当时正值酷暑，赤日炎炎，面对高达38℃以上的气温，许多人受不了，想打退堂鼓，但是霍英东坚决地表示要继续做，他不断地鼓励船员，最后大家都留了下来。可是，不久又出现了新的问题，由于出发时估计不足，他们没有带够粮食和淡水，也没有带药品。霍英东为了让大家继续工作，不得不决定每人每天限量供给淡水和食物，有病的则休息。到这次行动结束时，所有的人都面黄肌瘦，狼狈不堪。

当霍英东回到香港时，海草的价格已经下降，他采回来的海草卖完后刚够给船员们发工资，而他一分钱也没赚到。

然而，坚信自己一定能成功的霍英东面对这次失败，毫不气馁。他又开始经营别的生意，但又连续失败。坚强的意志使他相信：成功就在眼前。经过努力，他终于成了亿万富翁。

## 管理的哲理

天生我材必有用，每个人在这世上都是独一无二的。对于每个追求创业成功的商人来说，最重要的是自己要有坚定不移的信心，有摧垮艰险的壮志，再加上勤奋努力，吃苦耐劳，坚持不懈地奋斗进取，自然会取得成功。

军队的战斗力大半源于士兵对将帅的信任度。也就是说，将帅显露出仓惶惊恐，军队必然士气大减，若将帅非常自信，那么军队的勇气将倍增。坚强的自信心能给人以无穷的力量，它常常能够使一些平常人成就非凡的事业。

可以说，无论做任何事，信心都是比金钱、权势、家世、亲友等更有用的条件。同样，它也是管理者最坚实的资本，能使管理者努力克服困难，排除障碍，去争取胜利。

# 07　管理者的气度决定管理格局

刘邦宽容大度奠定大汉江山

## ✎ 管理故事

　　刘邦出身农家，在秦末农民起义中揭竿而起，逐鹿中原，终于推翻了暴虐的秦朝。在楚汉战争中，他再展雄风，击败项羽，完成了国家的统一。

　　汉高祖刘邦在击败项羽后，建立汉朝时说："在营帐中谋划，在千里之外取得胜利，我不如张良；镇守国家，安抚百姓，筹运粮饷，我不如萧何；统率百万军队，战必胜，攻必克，我不如韩信。这三个人都是当代的人杰，而我能任用他们，这就是我取得天下的原因。"

　　刘邦可谓是驾驭"将才"的高手！

　　刘邦"仁而爱人，喜施，意豁如也，常有大度"。因此刘邦在沛县便有了樊哙、灌婴、周勃、夏侯婴等志同道合的朋友。随着交往的频繁，刘邦有机会结识了担任长官的萧何、曹参等人。在萧何的极力推荐下，刘邦当上了泗水亭亭长，他的外交圈更大，他也由此飞黄腾达。后来刘邦押送一批刑徒和民夫到骊山服劳役，行至中途释放了所有刑徒，这表现了他的宽厚和大度，被人称为长者。

　　刘邦在用人上宽容大度，不计前嫌，不念旧恶，能够以德报怨，大胆起用反对过自己的人。

　　刘邦的仁厚、大度、谦虚，使他周围人才济济，张良、陈平、韩信等纷纷投奔。韩信曾追随项羽，经萧何推荐，刘邦不计前嫌，委以重任。刘邦的大度在任用陈平上表现得非常突出。陈平归附刘邦后，被破格任用，诸将不服，周勃和灌婴揭发他"盗嫂、贪金"。刘邦经过调查后仍能对他宽容，并任用他为护军都尉。这一切使陈平大为感动，从此死心塌地地为刘邦出谋划策，为汉朝的建立立下了汗马功劳。

## 管理的哲理

曾国藩说："盛世建功立业的英雄，以襟怀豁达为第一义；乱世扶危救难的英雄，以劳心劳力为第一义。"不襟怀豁达难以成就大事，不心力苦劳难以建立功绩。吕新吾说："男儿创建事业，经纬天下，见识要高远，规模要庞大，气度要恢宏。"能够完善见识与规模之人，必然有气度，所以管理者要以气度恢宏为第一要义。

宽宏大量，豁达大度，善于容人，通达事理，这是管理者应具备的气度，也是一种美德。管理者有了开阔的胸襟，大事讲原则，小事不计较，善于念人之功，谅人之短，扬人之长，就能创造一个和谐、融洽的工作环境和氛围。

胸襟是一个人的气量和抱负。管理者必须胸怀宽广，才能有所作为。有了博大的胸怀，恢宏的气度，才能成大事。

# 08  信誉就是感召力、影响力

### 诚实守信的将军布吕歇尔

## 🖊 管理故事

普鲁士陆军元帅布吕歇尔是一位诚实守信的将军。有一次，他率领大军在崎岖的山路上急急忙忙地行军，他必须尽快去援助威灵顿。战时一刻值千金，但此时士兵已经疲惫不堪，道路泥泞，部队实在难以快速前进。

布吕歇尔不停地鼓励士兵们说："快点，孩子们！向前，再快点！"士兵们早已汗流浃背，已经很尽力了。

布吕歇尔还是不停地鼓励他们："孩子们！我们必须全速前进，我们必须准时到达目的地。我已经答应了我们的兄弟部队，你们知道吗？你们千万不可让我失信！"

在他的感召下，士兵们一鼓作气，终于准时到达了目的地。

## 🗂 管理的哲理

信誉是什么？就是忠诚，不欺骗。

《论语》说："吾日三省吾身，为人谋而不忠乎？与朋友交而不信乎？传不习乎？"古人特别讲究"为人谋"要忠诚，"与朋友交"要讲信誉。

对管理者来说，信誉是一种资本，是一种"金不换"的资本。有信誉就可以聚合队伍，可以取信于人。在很多时候，办企业和做人一样，实际上是一个永无止境挣信誉的过程。因此，一位知名企业家曾感叹天底下最容易挣的是钱，最难挣的是信誉。为什么这样讲？因为他认为钱是那种靠技巧和力气就可以挣到的东西，无非是挣多挣少的问题。而信誉是不能靠技巧挣到的，要靠内在的品质与自觉。因此，一个管理者，如果透支信誉，必定会付出惨重的代价。

## 【管理导航】管理者要培养人格魅力

　　一个人的人格魅力，气质和性格是其重要部分。气质和性格是构成管理者个性心理特征的两个重要因素，它反映了一个管理者的基本精神面貌。

　　管理者的气质和性格会给他的工作打上个性痕迹，因此作为管理者，必须注意自己的气质和性格方面的素质修养。

　　管理者要想获得众人的支持和信任，首先必须拥有伟大的人格。历史上许多伟大的领导，像乔治·华盛顿、亚伯拉罕·林肯、温斯顿·丘吉尔、富兰克林·罗斯福、唐太宗李世民等，尽管有着完全不同的领导风格，但每一位都是具有伟大人格的人。

　　一个管理者要培养人格魅力不是一朝一夕就能完成的，可以从以下四个方面努力：

　　首先，培养独特的个性。人往往有一些从众的心理，有时是无意识、潜意识的。管理者处在一个部门或组织非常独特的位置上，需要有自己的独特个性。作为管理者，要培养自己的人格魅力，也必须有自己独特的个性。

　　其次，要有自我察觉和自我意识。自我察觉是指某种感觉刚一产生的时候你就察觉到了。与人的眼睛有个盲点一样，人的个性也有盲点，有时人不知道自己了，这时就需要不断地反省。如果管理者连自己都不了解，就谈不上去领导别人了。这种自我察觉是情感智慧的主要部分。只有对自己的情绪了解得比较清楚的人，才能更好地驾驭自己的人生。

　　再次，善于驾驭心情。情绪是人对客观内容反应的一种特殊的表现，它具有独特的主观体验和外部表现。要培养自己宽容率直的性格，就必须善于驾驭自己的心情。

　　最后，找出缺点。骄傲使人落后，找出缺点并加以改正可以使管理者更富于人格魅力，也更趋于成熟和完善。这需要管理者不断地自我反思和与别人比较。

　　管理者不能躺在光环下生活，他需要实事求是地剖析自己，摒弃不真实的感受。虚幻的感受往往会变成"真实"的感受。高高在上的管理者对自己的评价很容易有所偏差。

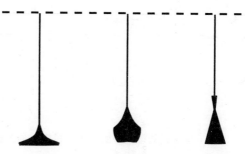

# 第二辑
## 决策管理：从运筹帷幄到决胜千里

决策是管理的心脏，管理是由一系列决策组成的，管理就是决策。

——赫伯特·西蒙（美）

在没出现不同意见之前，不做出任何决策。

——艾尔弗雷德·斯隆（美）

犹豫不决固然可以免去一些做错事的可能，但也失去了成功的机会。

——王安

09　凡事预则立，不预则废

三只偷油的老鼠

✏️ **管理故事**

三只老鼠一同去偷油喝。找到了一个油瓶，三只老鼠商量，一只踩着一只的肩膀，轮流上去喝油。于是三只老鼠开始叠罗汉，当最后一只老鼠刚刚爬到另外两只老鼠的肩膀上，不知什么原因，油瓶倒了，最后，惊动了人，三只老鼠逃跑了。回到老鼠窝，大家开会讨论为什么会失败。

最上面的老鼠说："我没有喝到油，而且推倒了油瓶，是因为下面第二只老鼠抖动了一下，所以我推倒了油瓶。"第二只老鼠说："我是抖了一下，但我感觉到第三只老鼠也抽搐了一下，我才抖动了一下。"第三只老鼠说："对，对，我好像听见门外有猫的叫声，所以抖了一下。""哦，原来如此呀！"

企业里很多人都具有老鼠的心态。请看某企业的一次季度会议情况。

营销部门的经理A说："最近销售做得不好，我们有一定责任，但最主要的责任不在我们，竞争对手纷纷推出新产品，比我们的产品好，所以我们很不好做，研发部门要认真总结。"

研发部门经理B说："我们最近推出的新产品是少，但是我们也有困难呀，我们的预算很少，就是少得可怜的预算，也被财务削减了！"

财务经理C说："是，我是削减了你的预算，但是你要知道，公司的成本在上升，我们当然没有多少钱了。"

这时，采购经理D跳起来："我们的采购成本是上升了10%，你们知道吗？俄罗斯的一个生产铬的矿山爆炸了，导致不锈钢价格上升。"A、B、C："哦，原来如此呀！这样说，我们大家都没有多少责任了，哈哈哈哈！"人力资源经理F说："这样说来，我只好去考核俄罗斯的矿山了！"

## 管理的哲理

上述企业出现的管理问题，说明该企业在战略管理上面存在严重的问题。"凡事预则立，不预则废"，部门与部门间责任相互推诿，企业"战略实施"受阻，企业风险经营的理念欠佳，无一不说明该企业的战略管理有待提高。

为了避免这种情况的出现，管理者应注意：

（1）在项目实施之前要对各种可能出现的问题进行分析，提出对策。

（2）拟订项目实施方案是重要一环，优秀的方案具有现实性、可操作性、经济性等特征。

（3）"变"在企业管理中非常重要。在管理中不可避免会出现预料之外的情况，企业应灵活应变，果断决策以适应变化，而不应机械地执行原先的计划和方案。

（4）决策者要在更高的层次上分析问题，将上述现象遏制在萌芽状态。

# §10　目标是一切管理活动指向的终点

三组行进的队伍

## ✎ 管理故事

曾有人做过一个实验：组织三组人，让他们分别沿着十公里以外的三个村子步行。

第一组人不知道村庄的名字，也不知道路程有多远，只告诉他们跟着向导走就是。刚走了两三公里就有人叫苦，走了一半时有人几乎愤怒了，他们抱怨为什么要走这么远，何时才能走到，有人甚至坐在路边不愿走了，越往后走他们的情绪越低。

第二组人知道村庄的名字和路程，但路边没有里程碑，他们只能凭经验估计行程时间和距离。走到一半的时候，大多数人就想知道他们已经走了多远，比较有经验的人说："大概走了一半的路程。"于是，大家又簇拥着向前走，当走到全程的四分之三时，大家情绪低落，觉得疲惫不堪，而路程似乎还很长，当有人说："快到了！"大家又振作起来加快了步伐。

第三组人不仅知道村子的名字、路程，而且公路上每一公里就有一块里程碑，人们边走边看里程碑，每缩短一公里大家便有一小阵的快乐。在整个行程中，他们用歌声和笑声来消除疲劳，情绪一直很高涨。所以，这一组人很快就到达了目的地。

## 🗿 管理的哲理

目标是一个组织各项管理活动所指向的终点，每一个组织都应有自己的目标。尽管不同的组织有不同的目标，但有一点是共同的，即追求效率。如果一个组织不能始终做到这一点，就会逐渐丧失自己的存在价值。

在管理活动中，制订明确的奋斗目标，可以统一全体成员的思想，让自己的成员在价值观、成就感上得到充分的满足。有了目标，组织中的每一个成员就会随时知道自己的进度和差距；如果没有目标，组织中的每一成员就会像航行在茫茫大海中的船，失去了自己前进的方向。

# 11　高屋建瓴的决策为领导力加码

舒尔茨的伟大梦想

## 管理故事

1983年，舒尔茨还是老星巴克的市场经理，他被派到意大利米兰去参加一个国际家居用品展。

一天早晨，舒尔茨来到了宾馆旁边的浓缩咖啡吧，店员的微笑和招呼让他感到亲切自然，他发现意大利的店和星巴克不一样，他们只向客人出售现做的新鲜咖啡。

舒尔茨看见咖啡师傅一边磨咖啡豆、压进浓缩咖啡、蒸牛奶、递给顾客，一边友善地与顾客聊天。这引起了舒尔茨的极大兴趣，经过进一步的了解，他发现意大利有20万家咖啡店，仅米兰一地就有1500家，几乎每一条街道拐角处都有一家，所有的咖啡店都很受欢迎。

看到一间间充满人文气息的咖啡吧，舒尔茨感受到从未有过的心灵震撼：咖啡是一种纽带，咖啡馆是人们情感交流和休憩聊天的绝好的"第三空间"！舒尔茨被自己的伟大发现惊呆了，他坚信这种全新的咖啡文化必将成为休闲时代的潮流，也必将改变美国和全世界。

舒尔茨抱着从本质上改变星巴克的决心回到了美国。然而，老星巴克的一众创始人却死死地抱着他们"阳春白雪"的市场定位不放，舒尔茨无法说服他们将星巴克扩展到"下里巴人"，他最终不得不离开了星巴克。

1986年4月8日，舒尔茨的第一家咖啡店开张，生意上路。到1987年就开了3家，每个店的销售额都达到了年均50多万美元。1987

年的3月，老星巴克创始人鲍德温等人打算把星巴克卖掉，舒尔茨立即融资400万美元买下了星巴克。1987年8月18日，新的星巴克诞生了。

在舒尔茨伟大的梦想支撑下，星巴克快速前进。1992年已经开设53家分店，短短三四年，这样的浓缩咖啡就成了整个美国社会生活的一部分，"星巴克"已成为一种新的社会现象。

## 📚 管理的哲理

在当今商业竞争日趋激烈的前提下，一位管理者高屋建瓴的决策，通常能带动公司的长足发展。中国有句古话说："不谋长远者，不足谋一时；不谋全局者，不足谋一域。"高屋建瓴的决策，为领导力增加砝码，为公司带来突破性的飞跃发展。

在生活中，你可能瞬间灵感迸发，这时把握灵感是做出高屋建瓴决策的一个不错的方法。

# 12 远景规划，拨开管理的重重迷雾

默克公司CFO（首席财务官）的远景规划蓝图

## ✏ 管理故事

默克公司的CFO（首席财务官）朱迪·鲁文特于1980年加盟这家公司，当她1990年出任默克公司首席财务官的时候，她已成为美国企业界最有权势的女人，同时也是担任大企业首席财务官的首位女性。

但在2004年的秋天，鲁文特遭遇了她在默克公司长期任职以来最混乱的体验：员工围在公司大楼周围，害怕拿不到自己的工资；股价大幅跳水；公司面临着雪片般的诉讼案件，也陷入了前所未有的困境之中。这位业绩优秀的首席财务官，同时也是意志力极强的领导者，凭借着热情、勇气、毅力、远见，熬过了这场财务难关。

2006年上半年，公司的赢利超过了预期。与赢利同样重要的是，她又开始谈论公司的未来规划。"从2005年到2006年，我们一直都在规划未来。令人兴奋的是我们有着非常出色的业务模式。2004年的时候我很苦恼，因为那时候我就在构想公司的未来。不论发生任何事情，我们都有必要让资金按照自己希望的方式来实现增长。"

坚持不懈的努力让她开始规划未来远景，她的理由是："远景对于公司领导层至关重要。公司需要聆听远景规划并且对这个规划充满信心。过去几年的事实告诉我们，多数员工留在默克是因为他们对公司规划的远景以及我们的福利制度信心十足，个别员工有些焦虑情绪则是因为当时他们非常疑惑，想知道'公司的变化会对我造成什么样的影响？我为什么要留在公司？未来的机会在哪里？'非常坦率地说，谁都想加入一个赢利的企业，一个欣欣向荣的企业。"

## 🎛 管理的哲理

　　远景规划对管理者来说非常重要，并且它也是打动风险投资者、凝聚人心的有力武器。有了对未来的规划，企业的未来就有了发展方向，员工也就有了奋斗目标。而且在经营过程中，在企业发展环境发生重大变化的时候，更应该加强对企业未来规划的研究，调整或重新制订切实可行的企业发展战略规划，这才是企业稳步发展的可靠途径。

　　当你希望创造比现在更好的未来的时候，怎样才能制订出万无一失的周密计划呢？其实你只需要好好想想以下三个问题应该怎样回答：我所渴望的美好未来究竟是个什么样子？为了实现这样的未来，我应该怎样计划呢？为了达到目标，我又该做些什么？

　　只要这三个问题回答好了，你就给未来勾画出了一幅美好的蓝图。人生是这样，创业也是如此。未来发展规划，是企业形成核心竞争力的根本，也是企业可持续发展的关键所在。制订企业发展规划的目的，既是为了拨开前方的重重迷雾，也是为了应对企业各种不确定因素的变化。

# 13 犹豫不决是决策的大忌

被饿死的布里丹毛驴

## 管理故事

14世纪，法国经院哲学家布里丹，在一次议论自由问题时讲了自己经历的一个故事。

布里丹养了一头小毛驴，他每天要向附近的农民买一堆草料来喂。

一天，送草的农民出于对哲学家的景仰，额外多送了一堆草料放在旁边。

这下子，毛驴站在两堆数量、质量和与它的距离完全相等的干草之间，可为难坏了。

它虽然享有充分的选择自由，但由于两堆干草价值相等，客观上无法分辨优劣，于是它左看看，右瞅瞅，始终无法分清究竟选择哪一堆好。

于是，这头可怜的毛驴就这样站在原地，一会儿考虑数量，一会儿考虑质量，一会儿分析颜色，一会儿分析新鲜度，犹犹豫豫，来来回回，在无所适从中活活饿死了。

那头毛驴最终之所以饿死，原因就在于它左右都不想放弃，不懂得如何决策。

人们把这种在决策过程中犹豫不定、迟疑不决的现象称之为"布里丹毛驴效应"。

## 🗄 管理的哲理

古人讲："用兵之害，犹豫最大；三军之灾，生于狐疑。""布里丹毛驴效应"是决策之大忌。在企业经营管理中，机会往往稍纵即逝，如果管理者在机会面前犹豫不决，无所适从，难下决策，必将错过良机，后悔都来不及。决策贵在果断、及时，当机立断，才能抓住机遇，取得最大的成效。

# §14　混乱模糊的战略注定走向毁灭

寻找金山的海马

## 管理故事

小海马有一天做了一个梦，梦见自己拥有了七座金山。

从美梦中醒来，小海马觉得这个梦是一个神秘的启示：它现在全部的财富是七个金币，但总有一天，这七个金币会变成七座金山。于是它毅然决然地离开了自己的家，带着仅有的七个金币，去寻找梦中的七座金山，虽然它并不知道七座金山到底在哪里。

海马是竖着身子游动的，游得很缓慢。它在大海里艰难地游动，心里一直在想：也许那七座金山会突然出现在眼前。

然而金山并没有出现，出现在海马眼前的是一条鳗鱼。鳗鱼问："海马兄弟，看你匆匆忙忙的，你干什么去？"海马骄傲地说："我去寻找属于我自己的七座金山。只是……我游得太慢了。""那你真是太幸运了。对于如何提高你的速度，我恰好有一个完整的解决方案。"鳗鱼说："只要你给我四个金币，我就给你一个鳍，有了这个鳍，你游起来就会快得多。"海马戴上了用四个金币换来的鳍，发现自己游动的速度果然提高了一倍。海马欢快地游着，心里想，也许金山马上就出现在眼前了。

然而金山并没有出现，出现在海马眼前的，是一个水母。水母问："小海马，看你急匆匆的样子，想要到哪里去？"海马骄傲地说："我去寻找属于我自己的七座金山。只是……我游得太慢了。""那你真是太幸运了。对于如何提高你的速度，我恰好有一个完善的解决方案。"水母说："你看，这是一个喷气式快速滑行艇，你只要给我三个金币，我就把它给你。它可以在大海上飞快地行驶，你想到哪里就能到哪里。"海马用剩下的三个金币买下这个小艇。它发现，这个神奇的小艇使它的速度一下子提高了五倍。它想，用不了多久，金山就会马上出现在眼前了。

然而金山还是没有出现，出现在海马眼前的，是一条大鲨鱼。大鲨鱼对它说："你太幸运了。对于如何提高你的速度，我恰好有一套彻底的解决方案。我本身就是一条在大海里飞快行驶的大船，你要搭乘我这艘大船，你就会节省大量的时间。"大鲨鱼说完，就张开了大嘴。

"那太好了。谢谢你，鲨鱼先生！"小海马一边说一边钻进了鲨鱼的口里，向鲨鱼的肚子深处欢快地游去……

## 管理的哲理

一个人如果没有明确的目标，没有"正业"，他就会滋生出很多零碎的爱好和荒诞无稽的"浪漫情怀"。对于一个企业来说同样如此。在一个市场化程度不高、客户成熟度低的商业环境中，可能有以浪漫的管理手法获得成功的企业，可能会有诗人、哲学家式的企业家。然而随着市场逐渐成熟，客户的鉴别力和权力意识的增强，此类企业和企业家会逐渐绝迹。

正像我们在海马故事中看到的，为快而快的发展模式最终可能使企业被"速度之魔"耗尽资源并且欢快地走向灭亡。混乱的战略、模糊的目标，极可能使企业陷入一种可怕的"商业浪漫主义"之中。作为商业浪漫主义的典型形态，漫游式经营注定"通向毁灭之路"。

# 15 决策的效率比准确率更重要

小王安心中的创伤

## ✏️ 管理故事

华裔企业家王安1920年出生于上海，先后就读于上海交通大学、哈佛大学，1948年获哈佛大学博士学位。不久，他发明"磁芯记忆体"，大大提高了电脑的贮存能力。1951年，他创办王安实验室。1956年，他将磁芯记忆体的专利权卖给国际商用机器公司，获利40万美元。雄心勃勃的王安并不满足于安逸享乐，对事业的执着追求使他将这40万美元全部用于研究工作。1964年，他推出最新的用电晶体制造的桌上电脑，并由此开始了王安电脑公司成功的历程。

在其后的20年中，由于不断的创新，王安事业上可以说是蒸蒸日上。1972年，王安公司研制成功半导体的文字处理机，两年后，又推出这种电脑的第二代，成为当时美国白领办公室中必备的设备。这时的王安公司，在生产小型商用电脑、文字处理机以及其他办公自动化设备上，都走在时代的前列。

王安曾经说过，影响他一生的事发生在他6岁之时。一天，他在树林里玩耍，突然有一个鸟巢掉到他的头上，巢里面还有一只小麻雀，于是他就决定把它带回家。快到家门口的时候，忽然想起妈妈不允许在家里养动物。他就犹豫了一下，把小麻雀放在门口，然后去求妈妈。

后来妈妈破例答应了他。小王安兴奋地跑出门，可是小麻雀已经不见了，一只黑猫在意犹未尽地擦着嘴。

这件事给他幼小的心灵留下了深刻的创伤，从此，他明白了一个道理：凡事要当机立断，不能犹豫不决。只要是自己认定的事情，就迅速做出决策。他说："犹豫不决固然会免去一些做错事的机会，但也失去了成功的机遇。"

## 管理的哲理

在激烈的竞争当中，成败往往在转瞬之间，犹豫不决或者拖拖拉拉都会错失良机。日常决策由于实效性强，大多比较紧迫，所以讲究的是决策的速度，避免贻误战机，往往决策的效率比准确率更重要。

管理者要实现高效的决策，就必须从解决优柔寡断的习惯入手，做好以下几方面的工作：一是养成快速决策的习惯。要时刻提醒自己，决策的效率就是企业的效益，决策没有效率，企业也就没有效益；二是要深入第一线，深入了解企业的动态，了解市场的变化，对企业对市场了如指掌后，决策的速度和效率也就会随之提高；三是要学习授权。

# 16　战略目标要一步一步达成

史玉柱的"三级火箭"

## 📝 管理故事

"1997年对我来说是一个转折点。"史玉柱说道。在那之前，史玉柱看上去像一个数学系毕业生，在摆弄他的公式，自己定一个量化的目标，然后再分解成每月、每周、每天的目标。

1997年前史玉柱认为：企业有几种，一是安定的，二是追求眼前利润的，三是追求长期利润的，四是既追求长期利润又追求社会效益和规模效应。第四种企业是三者相互推动，社会效益和经济效益存在着必然的联系。

他要做的就是第四种企业。为此，史玉柱制订了一个"百亿计划"：要求1996年产值达到50个亿，1997年完成100个亿，一年一大步，一年上一个新台阶。在当时的史玉柱看来，这并不是个不切实际的目标，他相信只要自己充分发挥管理的推进器作用就完全可以做到。

1995年，史玉柱启动"三级火箭"，把12种保健品、10种药品、十几款软件一起推向市场，投放广告1个亿，提出要超过首钢和宝钢。

"三级火箭"实施步骤的量化标准规定：

第一级：巨人集团第一年的发展规划。以巨人脑黄金进行市场导入和测试，并进行队伍的培训和锻炼。目标销售收入50亿。

第二级：巨人集团将形成规模化的发展水平。这个阶段的任务主要在于产品规模和市场营销规模的双重扩大。保健品的产品规模要做到类似世界500强、日化品巨头宝洁那样，拥有大而全的事业部。目标销售收入100亿。

第三级：实现"没有工厂的实业，没有店铺的商业"，要进入连锁经营领域、资源领域。

在实际运作中，史玉柱把原计划的时间从6年压缩到3年；在实施步骤上，把三步当成两步走。实际上直到2009年上市前，如果不算股市的账面浮盈，巨人总体规模也不到200亿。靠数字强迫量化的目标，就是如此脱离实际。

史玉柱现在的原则是：定性而不定量。将一个目标分解成很多决定性因素，一件一件地去解决。他说："把每件事做好。比如网游，影响网游这个项目能不能成功的因素，我分析了（有以下）十几个环节，从策划、研发、美术、运营、售后服务、分公司建设、管理、对外宣传，我的目标是把所有环节都做到极致。"

## 管理的哲理

史玉柱说过："定了长远的目标就要不断分解到每年的任务上，如果定得不高无所谓，而太高则会打乱原先的计划，形成欲速则不达的局面。战略上不考虑，但在战术上每件事都要做好。"

一个好的管理者，通常也是最清晰的表达战略能手，能够讲清自己需要什么，在想什么。

# 17　运筹帷幄之中，决胜千里之外

李嘉诚的兼并扩张战略

## 📝 管理故事

　　20世纪70年代后期，羽翼刚刚长成的李嘉诚开始雄心勃勃地谋划与实力雄厚并享有种种特权的老牌英资财团一争高下。

　　经过多年积蓄力量，精心策划，李嘉诚首先瞄准了老牌英资财团太古洋行下属的青洲英泥公司，他暗中大量购进青洲英泥的股票，终于坐上了这个香港历史最长、规模最大的水泥公司董事局主席的宝座。不仅如此，他心里始终在盘算着如何吞下和记黄埔集团这头大象。

　　"和黄"属于著名的英资银行汇丰旗下，当时经营不善，赢利不佳，汇丰银行正在暗中物色一个能胜任的经营者。

　　1979年9月，汇丰主动将和记黄埔22.2%的股份割让给李嘉诚的长江实业有限公司，使长江实业成了"和黄"企业集团的控股公司。这个消息轰动了整个香港并令股市狂升，因为这是香港历史上第一次由一家华资财团吃掉了英资财团，它是香港华资财团发展史上的一个里程碑，标志着香港华资财团与英资财团平分天下的局面已初步形成。

　　击败英资置地公司，吞并了"和记黄埔"。李嘉诚潇洒自如地挥舞着集资收购战的魔棒，进行了一系列的收购行动。

　　1986年，李嘉诚财团趁石油价格处于低潮时期，收购赫斯基石油公司52%的控股权，同年12月初，李嘉诚私人斥资港币1000万元，收购英国伦敦上市的克拉夫石油公司4.9%的股权。

1988年6月，李嘉诚将扩张的目标回首注目于腾飞之中的亚洲地区，奠定了他在地产业的龙头位置。

## 📚 管理的哲理

李嘉诚最为成功之处，在于他善于审时度势、运筹帷幄。"运筹帷幄之中，决胜千里之外"不仅是成功军事家的写照，也是财富人物传奇故事的形象描写。不管是成功的人生，还是成功的企业，都要胸怀全局，高瞻远瞩，善于规划，有的放矢。想要成功创业，经营顺利，就必须具备这样的雄才大略，要不断培养运筹帷幄之中、决胜千里之外的智慧。

# 18 一味追求完善，就会坐失良机

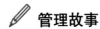

霍英东：兵贵神速

## ✎ 管理故事

1978年，霍英东决定率先在中国大陆投资，而且一下注就是一个亿。在当时尚无明确的法律依据情况下，很多人都在观望着，而霍英东却说："干吧，别等了。"

他之所以采取这样果断的措施，是因为他对自己的判断十分自信。1979年4月10日，霍英东和有关方面的领导小组签订了协议，在广州先建一座宾馆，地点未定。之后，他亲往广州考察地点，发现初定地点离火车站、友谊商店太近，太缺少浪漫特色了。他根据自己的经验和想象，果断地征用了其对面河畔的一块淤塞沙滩，又凭借非凡的想象力，亲自将宾馆命名为"白天鹅宾馆"。

1985年7月，美丽的"白天鹅"终于以其高素质的服务和良好的效益，赢得了中国第一间五星级酒店的赞誉，并获得意想不到的巨额利润。由于霍氏采取了"兵贵神速"的决策方法，果断从事自己确定的计划，从而为自己的事业添上了辉煌的一页。

## 🏛 管理的哲理

一个企业可能会面临无数次的危机和转折，随之有无数的决策出台。无论决策如何，在这样一个瞬息万变的时代里，找寻一个恰当的突破口至关重要，而寻找突破口最重要的就是选择恰当的时机和对象。

经营有一个机遇问题，在这个问题上强调一点勇敢是必要的，凡是看中了的，就要果断行动。拿破仑也有类似的说法："无论从事何事，2/3应预先计划，1/3由机会决定，加重前者是怯懦，过于依靠后者属鲁莽。"以上是军事上的说法。土光敏夫是日本经营大师，他也讲了与上述同样意思的话："一味追求完善，那就会坐失良机。""即使只能得60分，也要速办速决，决断就是要不失时机。该决定时不决定是最大的失策"。

管理者要善于在实践中寻找机遇、发现机遇、把握机遇，同时，也要善于发挥聪明才智当机立断，果断拍板，确保决策的及时、有效和准确。只有大胆地抓住时机，及时予以决断，才能使决策赢得优势，取得成功。

# 19 只有在争辩中，才能诞生最好的主意

南山集团的两大法宝

## ✎ 管理故事

南山集团是山东省龙口市东江镇一处村企合一的大型国家级企业集团，改革开放前只有260户、800人，人均不到一亩薄地，到目前为止，已经拥有总资产150多亿元，村民6700人，员工3.6万名，企业40多处，涉及毛纺、铝业、电力、旅游、教育等十几种产业，在全国乡镇企业500强中位居前列。

说起南山集团的成功，离不开两大法宝：一是批评，二是争论。领导班子成员、厂长经理，每天早晨集中到集团办公室开碰头会，汇报工作不准表扬自己，更不准赞扬领导，只讲问题，讲办法，领导深度概括只批评，不表扬。

南山最怕的不是批评，而是宣传表扬，南山集团董事长宋作文有两句名言："一边跑一边喊的人跑不快。""不该你得的荣誉你得了，很危险。"

南山的争论，是民主决策的过程。凡重大问题，党委成员必须调研、讨论、集体决策，尤其是涉及项目、投资等发展大计，班子成员往往争论得面红耳赤，用他们的话说，都是"吵"出来的，不"吵"透了不罢休。

最后提请党员大会、村民代表大会讨论通过。宋作文做事果敢，但从不盲目地一锤定音。他说："争论出真知，争论少失误。"

## 🗂 管理的哲理

美国庄臣公司总经理詹姆士·波克提出了著名的波克定理：只有在争辩中，才可能诞生最好的主意和最好的决定。俗话说：无磨擦无磨合，有争论才有高论。如果不愿参与组织中的争论，永远也无法在工作中做成重要的事情。

有效的争论对于组织本身来说具有许多积极的意义。当人们敢于提出不同意见并为之争论时，组织本身就变得更加健康。意见分歧会让人们对不同的选择进行更加深入的研究并得出更好的决定和方向。彼得·布劳克在《授权经理人：工作中的建设性政治技巧》一书中指出：如果你不愿参与机构中的政治与争论，你永远也无法在工作中实现对你来说重要的事情。要是这样就太悲哀了。

如果你不愿参与组织中的争论，你可能永远也无法在工作中实现对你来说重要的事情。因此，学会如何提出观点并参与有意义的争论是管理成功的关键。

# 【管理导航】追踪决策，完善决策

追踪决策是企业管理者在初始决策的基础上对已从事的活动的决策方向、目标、方针及方案的重新调整。如果在原决策执行过程中已经发现了错误，管理者却拒绝进行任何修改，依旧一意孤行地执行下去，这必然会直接危及到决策目标的达成，导致原决策彻底失败。因此，追踪决策对于任何决策来说都是相当重要的环节。

管理者要建立多渠道的信息网络，及时地把握决策实施动向。在加强对信息正确处理的基础上，要快速修正计划方案，制订出新的对策，并及时向下级传达贯彻，组织实施，加强应变的时效性。

对决策进行完善修改是在原有方案的执行过程中情况发生了重大变化，致使原有决策面临失败或者失效的危险情形下展开。完善决策的分析过程，首先要从回溯分析开始。回溯分析是对原来决策的产生机制、内容、环境进行客观、冷静的思索，分析产生失误的原因、性质及程度，从而为制订有效的对策提供依据。回溯分析必须以充分的事实为依据，应注重原有决策事实，而不是去追究原有决策的个人责任。当然，回溯分析本身也包含寻找原有计划中的合理因素，为制订新的决策计划提供参考和依据。

对决策的完善修改要有强烈的超前意识。这就要管理者提高洞察力，准确地预测事物发展变化的趋势，深刻地认识事物发展的未来走向，切实把握事物发展的规律性，这是做好决策和追踪决策的基本功。

追踪、完善决策不是对原有决策的简单改变或重复，而是对原有决策的"扬弃"，只有比原决策更加完善和圆满，才能体现其意义所在。

其次，追踪决策也意味着要在多个替代方案中比较选优，必须是新的备选方案中的优化方案。在主客观情况发生了变化的情形下，在诸多新的方案中，选择出一个最优方案，从而获取最佳效益。有时候，追踪决策只能从小损或大损中选择，尽可能获得更多的收益。

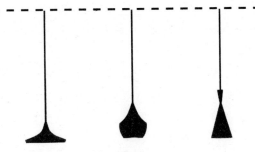

# 第三辑
## 制度管理：制度在左，执行在右

没有规矩，不成方圆。

——中国俗语

没有执行力，哪有竞争力。

——（美）杰克·韦尔奇

制订正确的战略固然重要，但更重要的是战略的执行。

——杨元庆

# 20　伟大的制度成就伟大的企业

春兰公司的"三铁"法则

## ✎ 管理故事

地处江苏泰州的春兰公司，曾经是个连年亏损的镇办企业，但今天它已成为我国最大的空调生产基地之一，曾经连续三年被评为全国500家最佳经济效益企业、全国500家工业企业和全国最大300家外资企业之一，其销售收入、实现利税、全员劳动生产率、人均创税等主要经济指标均居全国同行业之首。面对春兰的崛起和迅猛发展，人们不禁要问："春兰的成功靠什么？"

在春兰公司，员工迟到一分钟就罚款50元，为此有人认为春兰的管理太严。

然而，春兰公司一举成为中国最大的"春天工程"靠的正是"铁的条例、铁的纪律、铁的管理"。这就是春兰公司成功的答案。

其一，铁的条例。

春兰公司的决策者认为，生产力在松松散散中耗费，是许多企业的致命弱点，要建世界一流的企业、出世界一流的产品、创世界一流的效益，就必须从人的初级行为开始进行严格管理，以法治厂。为此，春兰公司先后制定了干部职工行为规范、劳动管理等18项管理规章制度，对职工在企业内外的行为规范做了详尽的规定。同时，公司成立了总监察室，有权对各类违纪行为予以处罚，并建立公司、部、科三级监察网络，实施违纪监督；还建立了三级逐层考核机制，考核结果记入本人档案。春兰的许多条例，皆以严著称。以迟到为例，迟到一分钟罚款50元，第一次迟到给予劝告处分，第二次迟到给予警告处分，三次以上给予开除处分。受一次劝告处分，年底评选先进、晋级、分房都受到影响。铁的条例使春兰员工养成了遵守纪律的习惯，有些职工为了按时上班，不惜坐出租车赶时间。

其二，铁的纪律。

在春兰公司，从总公司、中层干部到车间工人都有目标管理责任制，各司其职、各负其责。在规章制度面前人人平等，如有违反，不管是谁，一律按章办事。例如，按规定，春兰职工进入公司必须佩戴身份卡。一次，一位高级职员忘了带身份卡，被拒之门外，他只好回家取卡，只因迟到4分钟而受到劝告处分，并扣除了当月全部奖金，一年的所有评比资格全部取消。尽管春兰公司对处罚一丝不苟，但绝大多数人心情舒畅，因为大家已形成了一个共识："对犯规者有情，就是对企业无情。"铁的纪律出了效果，近年来全公司旷工为零、犯罪为零、偷拿公物为零、暗干私活为零。

其三，铁的管理。

春兰的教育、劳动、技术质量等数十项现代管理都是很严格的，尤其是铁的质量管理。公司将质量意识渗透到全公司每个部门、每个人。每个上岗的一线工人都要经过严格的技术业务培训，考试合格后才可上岗操作。春兰公司的所有质量管理全部纳入了法制轨道，公司颁布了《技术管理条例》《技术管理违纪处罚分类细则》等质量法规，一切违反技术操作规程、工艺流程要求的行为都要视情节轻重受到劝告、警告，直到除名处分。同时，公司还加强了质量的外延管理，派遣质量管理人员进驻协作厂家，现场监督配套零部件产品的质量。

可以说没有这"三铁"，就没有春兰今天的成功。

## 🏛 管理的哲理

《基业长青》认为，成功公司未必一定拥有一个能力超强、魅力非凡的领导人。它真正需要的是能够建立起一个自我发展、创新的团队，同时能深谋远虑使企业能不断进步的领导者。简而言之，管理者是否成功的关键在于能否"建立起一种长而持久的制度"。

制订完善合理的企业规章制度是建立现代企业的需要，是规范、指引企业部门工作与员工行为的需要，是巩固劳动纪律的需要。同时，完善合理的制度建设有利于建立一支高效的企业团队，规范作业流程和员工工作行为，使得企业形成一个融洽、竞争、有序的工作环境。只有在这样的环境中，员工才能最大限度地发挥自己的潜能，使组织工作效率最大化。

总之，建立完善合理的制度可以大大提高企业的管理效率、决策实施的速度，提高企业的竞争能力与生存能力。

# 21 用制度管人，按制度办事

七人分粥与分配制度

## ✎ 管理故事

有七个人曾经住在一起，每天分一大桶粥。要命的是，粥每天都是不够的。一开始，他们抓阄决定谁来分粥，每天轮一个。于是每周下来，他们只有一天是饱的，就是自己分粥的那一天。

后来他们开始推选出一个道德高尚的人出来分粥。强权就会产生腐败，大家开始挖空心思去讨好他、贿赂他，搞得整个小团体乌烟瘴气。

然后，大家开始组成三人的分粥委员会及四人的评选委员会，但他们常常互相攻击，扯皮不止，粥吃到嘴里全是凉的。

最后想出来一个方法：轮流分粥，但分粥的人要等其他人都挑完后拿剩下的最后一碗。为了不让自己吃到最少的，每人都尽量分得平均，就算不均，也只能认了。

大家快快乐乐，和和气气，日子越过越好。

## 🏛 管理的哲理

同样是七个人，不同的分配制度，就会有不同的风气。所以一个单位如果有不好的工作习气，一定是机制问题，一定是没有完全公平、公正、公开，没有严格地奖勤罚懒。如何制订这样一个制度，是每个领导需要考虑的问题。

　　领导的一项重要职责就是要划定员工的工作范围，如果下属彼此之间职责不明，他们要么会相互推诿，指望别人多干一些活，要么就会相互干扰，搞得大家都干不好工作。

　　领导在分配工作时一定要细致、科学，要明确每个人应该做什么，不应该做什么。有些工作是必须合作才能完成的，但在合作中也要有明晰的分工。

　　任何一个任务的背后都隐藏着与员工休戚相关的利益，员工们由于处于被动地位，有时候不能想到这些利害关系，主管就必须冷静地为他们分析利弊，让他们意识到做好工作的必要性，从而自觉地努力工作。

# 22 管理不是督导，而是引导

"修路理论"与制度建设

## 📝 管理故事

约翰和亨利到一家公司联系业务。这家公司的办公室在一幢豪华写字楼里，落地玻璃门窗，非常气派。可是，由于玻璃过于透明，许多来访客人因不留意，头会撞在高大明亮的玻璃大门上。不到一刻钟，竟然有两位客人在同一个地方头撞玻璃。

亨利忍不住笑了，对约翰说："这些人也真是的。走起路来，这么大的玻璃居然看不见。眼睛到哪里去了？"

约翰并不赞同亨利的说法，他说："真正愚蠢的不是撞玻璃门的客人，而是设计者。如果不同的人在同一个地方犯错误，那就证明这个地方确实存在缺陷。应该考虑怎么修正缺陷，而不是嘲笑那些犯错误的人。"

约翰于是向该家公司的经理提了建议，在这扇门上贴上一根横向标志线。

从此再没有来访客人撞到玻璃门了，而约翰也顺利地和这家公司建立了业务联系。

## 📚 管理的哲理

这个故事涉及"修路理论"，即当一个人在同一个地方出现两次以上同样的差错，或者两个以上的人在同一个地方出现同一差错，那一定不是人有问题，而是这条让他们出差错的"路"有问题。此时，作为领导者，最重要的工作不是管人——要求他不要重犯错误，而是"修路"。

世界上没有完美的制度，也没有完美的管理，任何一家先进的公司管理中都会存在问题。管理进步最快的方法之一就是：每次完善一点点，每天进步一点点。每个人每一次都能因不断"修路"而进步一点点。这里所讲的"路"就是制度和规范，"修路"就是制度建设。"修路理论"告诉我们，管理工作最重要的不是直接去管人，而是去制订让人各司其职的制度——修筑让人各行其道的路。

# 23　忽视员工过错就是纵容犯罪

"破窗理论"的管理启示

## 管理故事

美国斯坦福大学心理学家詹巴斗曾做过这样一项实验：他找来两辆一模一样的汽车，一辆停在比较杂乱的街区，一辆停在中产阶级社区。他把停在杂乱街区的那一辆车的车牌摘掉，顶棚打开，结果一天之内就被人偷走了。而摆在中产阶级社区的那一辆过了一个星期也安然无恙。

后来，詹巴斗用锤子把这辆车的玻璃敲了个大洞，结果，仅仅过了几个小时，它就不见了。

后来，政治学家威尔逊和犯罪学家凯琳依托这项实验，提出了一个"破窗理论"。这一理论认为：

如果有人打坏了一个建筑物的窗户玻璃，而这扇窗户又未得到及时维修，别人就可能受到暗示性的纵容去打烂更多的窗户玻璃。久而久之，这些破窗户就给人造成一种无序的感觉。那么在这种公众麻木不仁的氛围中，犯罪就会滋生、蔓延。

## 管理的哲理

"破窗理论"在企业管理中有着重要的借鉴意义，它给我们的启示是：对于那些看起来是偶然的、个别的、轻微的"过错"，如果熟视无睹或纠正不力，就会纵容更多的人"去打烂更多的窗户玻璃"。必须及时修好"第一个被打碎的窗户玻璃"，对犯有过错者给予必要惩罚，这样才能有效阻止"破窗现象"的发生。

　　在企业管理实践中，对于员工造成的影响深远的"小过错"，要"小题大做"地去处理，从而防止"千里之堤，溃于蚁穴"。此外，要鼓励、奖励员工的"补窗"行为，不以"破窗"为理由而同流合污，反以"补窗"为善举而亡羊补牢。

# 24　制度面前人人平等

柳传志：制度执行拒绝特殊化

## ✎ 管理故事

联想集团有个规矩，凡开会迟到者都要罚站。在媒体的一次采访中，柳传志表示："我也被罚过三次。"

他描述说：公司规定，如果不请假而迟到就一定要罚站。但是这三次，都是我在无法请假的情况下发生的。比如：有一次被关在电梯里边。罚站的时候是挺严肃，而且是很尴尬的一件事情，因为这并不是随便站着就可以敷衍了事的。在20个人开会的时候，迟到的人进来以后会议要停一下，静默看他站一分钟，有点儿像默哀，真是挺难受的一件事情，尤其是在大的会场，会采用通报的方式。第一个罚站的人是我的一个老领导。他罚站的时候，站了一身汗，我坐了一身汗。后来我跟他说："今天晚上我到你们家去，给你站一分钟。"虽然不好做，但是也就这么硬做下来了。

据说在联想被罚过站的人不计其数，还能说明这个制度的有效性吗？柳传志非常肯定地回答："当然有效，而且非常有效。在不计其数以后，出了问题就要受罚的观念就深入人心了。并且不管谁犯了错误都会受罚，公平感才会产生，你的团队才会精神百倍。"

## ⬛ 管理的哲理

管理者在制订和执行制度的时候，要始终坚持制度面前人人平等的原则，特别是在执行制度时要一视同仁，谁都必须遵守，尤其是企业的管理者必须率先贯彻执行。如果在制订和执行制度的时候，忽略了公平公正这项基本原则，那么企业的管理制度将成为"一纸空文"，成为粉饰自己的"花瓶"。

制度面前人人平等。企业内不允许有不受制度约束的特殊人、关系人。如要在企业内超越工作关系、超越规章制度办事，只能让其选择离开。

# 25　外严内宽，以慈母的手握利剑

让人敬让人畏的"杰克"

## 🖉 管理故事

在通用电气公司，从秘书到司机、工人，每个人都称韦尔奇为"杰克"。韦尔奇说："关于通用电气的故事中有一点被忽略了，那就是非正式的价值。我以为这是个了不起的创见，人们可能不知道它的意义所在。"

从每年1月同500名高层管理人员在佛罗里达州博卡拉举行的会议，到每月一度在哈德逊河畔克罗顿的会议，使得他有机会收集到未经过滤的第一手资料。在这些聚会里，他制订或突然改变公司的议事日程，就公司战略对公司十几个部门的负责人提出问题并加以考验，他会在所有人面前露面并发表尖锐的观点。从接过总裁权柄开始，韦尔奇就利用诸如聚会等各种非正式方式与公司员工进行交流并随时处理公司事务。

韦尔奇比大多数人更懂得"突然"一词的价值，他每周都突然视察工厂和办公室，匆匆安排比他低好几级的经理共进午餐。他还通过传真无数次地向上至高级经理、下至钟点工人的公司员工发出他那独具个人魅力的"手谕"——手写便条。两天后，原件就会寄到他们手中。在这些便条里，他有时说些鼓励的话，有时则要求员工做一些事情。

在他人眼中，韦尔奇是一个让人敬畏的领导，对于韦尔奇手下20多名直接负责人来说，每一次加薪或减薪，每一份奖金，以及每一次优先认股权的授予，总要伴随着一次关于期望和表现的坦诚交谈。高级副总裁盖利说："韦尔奇总能刚柔并济，恩威并施，当他交给你奖金或优先认股权时，他同时也会让你知道他在来年想要的东西。"

没有什么事情能像审阅拿到奖金的通用电气员工名单那样让他兴奋不已，并不是因为公司的股票表现多好，而是因为他把财富放在那些他并不熟悉的人手中，韦尔奇说："这意味着每个人都得到了奖励，而不光是我们几个人。这是件了不起的事，我们正在改变他们的命运和生活。这才是乐趣所在，我们人人富有，我们人人是富翁。"

## 🀄 管理的哲理

管理者既不能无恩于人，也不能无威于人，恩不施无以立威，威不施无以治世。如果管理者高高在上，工作上不体恤员工的艰辛，生活上不关心员工的难处，情感上不过问员工的冷暖，背离了以人为本的宗旨，这是不恩；而有些管理者虽然谦恭低调，但一味迎合迁就员工，对错误的言行不予以指正，助长了员工的某种歪风，致使他们不听指挥、不受约束、凡事讲价钱、处处算得失，管理者被下属牵着鼻子走，这是不威。无可否认，这两种极端都是要不得的。

有人说管理者要善于"以慈母的手握利剑"，这是一个形象的比喻。就是说管理者既要有母亲般的慈爱、无私与温和，时刻给员工真诚的爱，同时又要"手握利剑"，对员工的各种不良行为不能姑息迁就，使恩与威做到高度统一。做到这一点，就会使员工对你既感激又尊重，且不会擅自违令行事。

# 26　简化是高效执行的起点

宝洁公司的"一页备忘录"

## ✎ 管理故事

宝洁公司的制度具有人事精简、结构简单的特点，并且该制度与管理者雷厉风行的风格相吻合。管理者制订了"深刻明了的人事规则"，它得到顺利的推行并获得良好的评价。

这种简洁明了集中体现在该公司"一页备忘录"原则上。所谓"一页备忘录"是指尽量精简公司所有的报告文件，以尽可能简练的语言来描述公司的现状和未来的发展趋势。其内容会随着具体情况的变动而增加或减少。

这一风格可以追溯到该公司的前总裁理查德·德普雷。理查德·德普雷强烈地厌恶将简单问题复杂化的做法，所以，他十分反感那些超过一页的备忘录。他通常会在退回一个冗长的备忘录时加上一条命令："把它简化成我所需要的东西！"如果该备忘录过于复杂，他会加上一句："我不理解复杂的问题，我只理解简单明了的东西！"

他认为，管理者的工作任务之一就是教会别人如何把一个复杂的问题转化为一系列相对简单的问题。只有这样，才能既提高管理者自身的工作效率，又能更好地指导下属着手后面的工作。MIS（管理信息系统）的扩散和预测模型及大量员工之间无休止的较量，导致了解决问题过程中的"政治化"，这些进一步增加了管理与实施中的不稳定性因素。而一页备忘录解决了很多问题。首先，只有少量的问题有待讨论，那么复核和使其生效的能力将大大加强。其次，建议条目按序展开，简洁、易懂。

　　总之，一页备忘录使企业的管理远离了模糊和凌乱，并因简洁明了这种积极的作风为公司带来了令人欣慰的高效率。

## 📚 管理的哲理

　　执行之道，其本质就在于如何化繁为简和化简为繁，这两者如何平衡，就是我们所说的"度"。将复杂问题简单化，简单问题复杂化，看似自相矛盾，实际上是协调统一的。宏观问题简单化，微观问题体系化，这是一种高效率的工作方式。

　　将执行的问题简单化，剔除不必要的环节，精简执行的步骤，优化执行的流程，合理地分配利用周围的资源与条件，才能使正面临的问题能尽快解决。

# 27  管理就是严肃的爱

威严又仁慈的老板西洛斯·梅考克

## 🖊 管理故事

西洛斯·梅考克是美国国际农机商用公司的老板。他是一个坚持原则的人，如果有人违反了公司的制度，他一定会毫不犹豫地按章处罚。但这并不意味着他不讲人情，相反，他非常体贴员工的疾苦，能够设身处地地为员工着想。

有一次，一位跟梅考克干了10年的老员工违反了公司的制度，酗酒闹事，还因此跟工头大吵了一场。在公司的规章制度中，这是最不能容忍的事情，不管是谁违反了这一条，都会被开除。当工厂的工头把这位老员工闹事的材料报上来后，梅考克迟疑了一下，但仍提笔写下了"立即开除"四个字。

梅考克毕竟与这位老员工有过患难之交，他本想下班后到这位老员工家去了解一下情况。不料这位老员工接到公司开除的决定后，立刻火冒三丈。他找到梅考克，气呼呼地说："当年公司债务累累时，我与你患难与共，3个月不拿工资也毫无怨言，而今犯这点错误就把我开除，真是一点情分也不讲。"

听完老员工的叙说，梅考克平静地说："你是老员工了，公司的制度你不是不知道，应该带头遵守……再说，这不是你我两个人的私事，我只能按规矩办事，不能有一点例外。"

梅考克又仔细地询问了老员工闹事的原因。通过交谈了解到，这位老员工的妻子最近去世了，留下两个孩子，一个孩子跌断了一条腿，住进了医院；还有一个孩子因吃不到妈妈的奶水而饿得直哭。老员工是在极度的痛苦中借酒浇愁，结果误了上班。

了解到事情的真相，梅考克为之震惊，他接着安慰老员工说："现在你什么都不用想，快点回家去，料理你夫人的后事和照顾好孩子。你不是把我当成你的朋友吗？所以你放心，我不会让你走上绝路的。"说着，从包里掏出一沓钞票塞到老员工手里。

老员工被老板的慷慨解囊感动得流下了热泪。梅考克嘱咐老员工："回去安心照顾家吧，不必担心自己的工作。"

听了老板的话，老员工转悲为喜说："你是想撤销开除我的命令吗？"

"你希望我这样做吗？"梅考克亲切地问。

"不，我不希望你为我破坏公司的规矩。"

"对，这才是我的好朋友，你放心地回去吧，我会做适当安排的。"

梅考克在继续执行将他开除的命令，以维持公司纪律的同时，将这位工人安排到自己的一家牧场当了管家。

梅考克这样做，不仅解决了这个工人的困难，使他的生活有了保障，更重要的是他这样做，赢得了公司其他员工的心。大家认为梅考克这样一个关心员工的人，是值得他们为之拼命的。从此，员工们同梅考克一道，为国际农机商用公司的强盛同舟共济，创造了一个又一个的辉煌成就。

## 🏛 管理的哲理

从字面上看，"管"者，制约也，是指对员工是否遵守制度，丝毫不许偏差的监督、检查，其表现状态呈"刚性"；"理"者，梳理也，是按照人的情感、思路及价值取向等对人和事进行号脉治理，其表现状态呈"柔性"。"管"和"理"的结合，就是刚柔相济的结合。如果说得直白一点，管理其实就是严肃的爱，是一种对每个人负责任的真爱。

　　管理有规矩，管理有制度，管理有约束，管理使人不快乐。但是，管理也是爱，这爱是深沉的，这爱是严肃的。正是有了这样严肃的爱，企业里的人才能按照企业的要求，尽自己最大的努力，发展企业。

# 28　规章制度不是可有可无的摆设

海尔的"13条规定"

## 管理故事

海尔集团总裁张瑞敏在各种场合讲到海尔的成功历程时，总是不忘提到13条规定，其中包括不准迟到、不准打毛衣、不准在车间内随地大小便……这些现在看起来很琐碎、细小、简单得令人发笑的规定，却确确实实地击中了原海尔员工的要害。

通过海尔领导者的严格管理，这13条管理规定得到了切实的执行，使海尔人的工作面貌有了很大的改善，同时在海尔内部树立了"有规必行"的观念，使规章制度不再是"可有可无的摆设"。

此后，海尔的管理者又逐步推出各种新的细化规章制度，做到了"有规可依"。逐渐地，海尔的企业管理由无序转向有序，逐步成为一个有执行力的组织，并开始走上辉煌之路。

## 管理的哲理

公司制订出来的各种规章制度，不能只是纸上谈兵。作为企业的领导者和管理者，你应当用铁面无私的精神来贯彻合理的规章制度，一旦发现有人违反规定，一定要严格执行，绝不手软。但是，应该清楚，"绝不手软"并不是滥施权力、粗暴蛮横地对待员工，以显示自己的威信。对员工要公道，在处罚时要有充分的根据，它包括解释清楚公司为什么要制订这条规定，为什么要采取这样一个纪律处分，以及希望这个处分产生什么效果。

# 29　监督不力让所有努力付诸东流

李健熙：执行没有借口

## 🖊 管理故事

　　监督不力常常使公司努力制订的制度和战略举措等付诸东流。为了防止这种现象的发生，三星在企业内部健全规章制度，严肃监督机制。公司从上到下形成了一个质量保证监督网，不合格的零部件坚决不用，不合格的成品坚决不出厂。各厂、车间、班组层层设立质量保证机构，派有专人检验质量。

　　2001年，世界经济衰退波及各国，三星受创颇为严重，营业额急剧下滑。为了提高公司的营业额，李健熙亲自检视旗下一个重要事业部经过修正后的运营计划。首先他赞扬事业部经理带领属下为了降低公司成本而做的努力，随后他又指出事业部未达到应有的投资回报率。根据事业部当时的工作状况，他紧接着提出了一个值得一试的解决方案——建议这个事业部和供货商共同研拟提高存货周转率的方法，以期获得实质的成效。

　　"你认为你该怎么做？"他询问事业部的经理，这位经理回答："如果有工程师协助，应当能大幅提升绩效，我需要20位工程师。"

　　李健熙转向工程部门经理："你是否能抽调出工程师来协助完成这个计划？"

　　工程部门经理迟疑半分钟之久，以冷漠的语气表示："工程师们不会愿意来替事业部门做事。"

　　李健熙注视他良久，开口道："我确信下礼拜一你会指派20位工程师到事业部门。"说完后便起身离开。走向门口时，他停下脚步转身对事业部经理说道："我要你每个月固定召开视讯会议，成员包括你本人、工程人员、财务长，还有我和生产部经理，必须确保推动这项计划的进展。"

## 🔖 管理的哲理

战略和制度是组织运作与发展的总计划和依据，战略和制度制订之后，就要付诸实施，而实施的进度、效果，都必须有人来跟踪与监督。谁来监督才最合适呢？管理层。

企业管理层代表一个组织，必须对这个组织的战略和制度实施承担责任，而一旦战略和制度付诸实施之后，企业管理者唯一能做的也是必须做的就是监督。企业管理者此时就像一个检察官，要紧紧盯住关键环节、关键部门和关键人物。如果企业管理者这个检察官的角色扮演得不好，关键环节、关键部门和关键人物就容易出问题，而一旦这些地方出问题，就会影响战略的实施，就会使落实大打折扣。

没有监督就没有落实，监督到位才能落实到位，落实到位才能执行到位。合理的监督机制、适时总结经验、查漏补缺，能够让落实工作更加完善，更加高效。

# 30　管理的本质不在于知，而在于行

马云：立刻、马上执行

## ✎ 管理故事

阿里巴巴集团的马云曾和软银集团总裁孙正义讨论过这样一个问题："一流的点子加上三流的执行水平，与三流的点子加上一流的执行水平，哪一个更重要？"两位大佬最后给出了一样的答案：三流的点子加上一流的执行水平。

高效的执行力也是阿里巴巴等大型互联网企业成功的重要法宝之一。马云曾将阿里巴巴称为"一支执行队伍而非想法队伍"，他多次强调，有时迅速地去执行一个错误的决定要好过优柔寡断或者没有决定。因为他知道，在执行的过程中有足够的时间和机会去发现并改正错误。

一次，马云在长城上看到涂鸦式留言"某某到此一游""某某到此留念"……受到启发，他认为阿里巴巴的网上论坛BBS应该按行业进行细致的分类。因此，他要求技术人员将BBS上的每一个帖子检测并分类。技术人员认为，这样的人工分类有违互联网自由的传统习惯，但马云认为只有这样才能让用户方便、快捷地利用阿里巴巴，所以他坚持己见。当时，很多人不同意，拍着桌子同马云吵。后来，马云出差到了外地，他通过电子邮件要求技术人员立即完成这一程序，结果他们还是不同意。于是，马云在电话里大声咆哮道："你们立刻去做！立刻！马上！"后来，马云回忆说，当时自己真想立刻飞回去，猛拍那些技术人员的脑袋。

马云的愤怒让技术人员不得不做出让步，也正是因为他的强硬要求，阿里巴巴的发展方向最终确定下来，获得有效的执行。他的这种作风也使得企业在网络泡沫时期不仅坚持下来，而且实现了赢利。工业时代的发展是人工的，而网络时代一切都是信息化的。信息瞬息万变，是难以预测的，因此马云认为成功不是计划出来的，而是"立刻、马上"干出来的。

## 管理的哲理

21世纪，执行力成为企业竞争力的重要一环。一个企业的执行力如何，将决定企业的兴衰。再好的制度和决策都必须得到严格执行和组织实施。一个好的执行人能够弥补决策方案的不足，而一个再完美的决策方案，也会死在差劲的执行过程中。从这个意义上说，处于现今市场经济中的现代企业，没有执行力，就没有竞争力。

杰克·韦尔奇也说过："没有执行力，哪有竞争力。"彼得·德鲁克说："管理是一种实践，其本质不在于知，而在于行。"一个企业如果没有执行力，那么它就像是海市蜃楼，永远不可能有竞争力，更不可能实现企业的成功与辉煌。强有力的执行才是企业成功的关键。

# 【管理导航】制订管理制度八戒律

企业规章制度是管理现代化企业的重要手段，这一手段运用的好坏直接影响到企业的生存与发展，同时会直接关系到企业的经济效益。如何避免制度管理的失误，不妨牢记制订管理制度的八条戒律，你或许会从中受到启示。

这八条戒律是：

一戒草率从事。为了应付上级草草订出一份管理规章，根本不向干部职工宣布，当然更谈不上执行。

二戒抵触法规。有的规章制度条文与现行政策、法令和政府的规定相抵触，自行失效。当然，企业在改革中有些新的规章制度超越于现行政策界线，但有利于发展生产和国家利益，则另当别论。

三戒自相矛盾。上下条文不衔接、自相矛盾，使企业内的此规定与彼规定有冲突，让人无所适从。

四戒咬文嚼字。文字冗长，语言生硬，表意不清，令人无法领会。如《安全守则》中有这样一条："在禁区内不得燃烧可燃物或促使致燃之器具。"其实，只需"禁区内严禁烟火"七个字就可概括其意。

五戒舍本逐末。列举大量无关紧要的条文，喧宾夺主，降低了重要条文的分量。细枝末节的条文过多，不便记忆，当然会影响执行。

六戒违背常理。过于苛严，大都难以做到，惩罚措施过火，职工动辄得咎，导致抗拒心理。

七戒不切实际。过于细密，实际执行中难以行得通，或执行起来反而降低效率，而条文过宽又起不到约束作用。

八戒形同虚设。有而不用，对违规者不按规定处理，姑息纵容或在执行中因人而异，亲疏有别，会导致制度自行废弛，成为一纸空文。

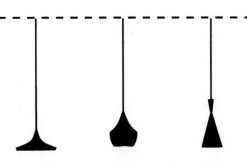

# 第四辑
## 人才管理：以奋斗者为本

将合适的人请上车，不合适的人请下车。

——吉姆斯·柯林斯（美）

卓有成效的管理者善于用人之长。

——彼得·杜拉克（美）

办公司不是要找最优秀的人，而是要找最合适的人。

——马云

人无废人，器无废器，把合适的人放在合适的地方，人人都是人才。

——冯仑

# 31　任用强人，让自己更强

卡内基任用强人成就钢铁帝国

## ✎ 管理故事

卡内基虽然被称为"钢铁大王"，却是一位对冶金技术一窍不通的门外汉。他的成功完全是因为他的识人和用人才能——总能找到精通冶金工业技术、擅长发明创造的人才为他服务，比如说齐瓦勃。

齐瓦勃是一名很优秀的人才，他本来只是卡内基钢铁公司下属的布拉德钢铁厂的一名工程师。后来，当卡内基知道齐瓦勃有超人的工作热情和杰出的管理才能后，马上就提拔他当了布拉德钢铁厂的厂长。

在厂长的位置上，齐瓦勃充分发挥出了自己的才能，带领布拉德钢铁厂走向了辉煌，以至于卡内基骄傲地说："只要我想要市场，市场就会是我的。"

几年后，表现出众的齐瓦勃又被任命为卡内基钢铁公司的董事长，成了卡内基钢铁公司的灵魂人物。

齐瓦勃担任董事长的第七年，当时控制着美国铁路命脉的大财阀摩根，提出与卡内基联合经营钢铁。开始时，卡内基没理会。于是摩根放出风声，说如果卡内基拒绝，他就找当时居美国钢铁业第二位的贝斯列赫母钢铁公司联合。这下卡内基慌了，他知道贝斯列赫母与摩根联合，就会对自己的发展构成威胁。一天，卡内基递给齐瓦勃一份清单说：按上面的条件，你去与摩根谈联合的事宜。

齐瓦勃接过来看了看，对摩根和贝斯列赫母公司的情况了如指掌的他微笑着对卡内基说：你有最后的决定权，但我想告诉你，按这些条件去谈，摩根肯定乐于接受，但你将损失一大笔钱。看来你对这件事没有我调查得详细。"经过分析，卡内基承认自己过高地估计了摩根，于是全权委托齐瓦勃与摩根谈判，取得了对卡内基有绝对优势的联合条件。

摩根感到自己吃了亏，就对齐瓦勃说："既然这样，那就请卡内基明天到我的办公室来签字吧。"齐瓦勃第二天一早就来到了摩根的办公室，向他转达了卡内基的话："从第51号街到华尔街的距离，与从华尔街到第51号街的距离是一样的。"摩根沉吟了半晌说："那我过去好了！"摩根从未屈就到过别人的办公室，但这次他遇到的是全身心投入的齐瓦勃，所以只好低下自己高傲的头颅。

由于齐瓦勃的特殊贡献，卡内基的事业从此蒸蒸日上，不断壮大，最终跃升为西方世界不可撼动的钢铁帝国。

卡内基曾经亲自预先写好他自己的墓志铭："长眠于此地的人懂得在他的事业发展过程中启用比他自己更优秀的人。"这句话对管理者来说是最极致的赞扬，也是最好的原则。

## 管理的哲理

企业的生存、发展离不开人才，一个成功的管理者善于寻找比自己更强的人为自己服务。管理者应该拓展胸怀，从公司的利益出发，真正起用比自己更为优秀的人才。

妒才是管理者的大忌。那些时常害怕下属超越自己、抢自己风头而对"功高盖主"者施行严厉打击的管理者是很难取得成就的，因为他总是缺少比自己更有才能的人的协助，而仅靠一个人的能力和智慧是不可能将企业做大做强的。

管理者的职责是招募到比自己更强的人，并鼓励他们发挥出最大的能力为自己服务。这本身就已经证明了管理者的本事，同时可以让他的事业走向成功，在这个过程中获利最大的还是管理者自己。企业的失败是从任用庸才开始的，同样，企业的辉煌是因为任用了更为优秀的人才取得的。

# 32 不是找最优秀的人，而是找最合适的人

马云：别把飞机引擎装在拖拉机上

## 📝 管理故事

1999年，马云融资100万美金。有了钱他首先想到的就是请人，去世界500强请人。结果他请来的负责营销的副总裁，第一个月跟他谈市场预算的时候，说今年需要1200万美金，还说以前最少要花2000万美金。马云总共才融了100万美金，实在没办法，最后只好又请他离开了。就是这件事让马云认识到"办公司不是要找最优秀的人，而是要找最合适的人"。

创业是一件非常美妙而又充满痛苦的事情，也是一件严肃的事情，选择合作伙伴一定要非常谨慎，创业要找最合适的人。对于企业而言，衡量人才是否优秀的唯一标准是他是否符合企业的发展需要。从创业要求的角度说，匹配的就是人才。理性的用人标准是不被人才的光环所诱惑，而是紧紧扣住"企业发展需要"这根弦。

1999年9月，阿里巴巴网站建立起来了，马云立志要使之成为中小企业敲开财富之门的引路人。10月，阿里巴巴获得以高盛牵头提供的500万美元风险资金，马云立即着手的一件事情就是，从香港和美国引进大量的外部人才。

马云对外宣称："创业人员只能够担任连长及以下的职位，团长级以上全部由MBA担任。"当时，在阿里巴巴12个人的高管队伍成员中除了马云自己，全部来自海外。

接下来几年，阿里巴巴聘用了更多的MBA，包括哈佛、斯坦福等学校的MBA，还有国内大学毕业的MBA。但是，阿里巴巴请来的

很多业界高手们，却严重"水土不服"。他们总是讲得头头是道，但结果干起来全错！后来这些MBA中的95%都被马云开除了。

马云后来回忆道："我跟北大的张维迎教授辩论，首先我承认我水平比较差，95%的MBA都被我开除掉了，难道他们就没有错吗？怎么可能95%都被我开除掉？肯定有错。因为这些MBA一进来跟你讲年薪至少10万元，一讲都是战略。每次你听那些专家跟MBA讲得是热血沸腾，然后做的时候你都不知道从哪儿做起。"

错误让马云明白，公司当时的发展水平还容不下那样的人。那些职业经理人管理水平确实很高，就如同飞机引擎一样，但是将飞机的引擎装在拖拉机上，最终还是飞不起来。

## 🗄 管理的哲理

马云说过："办公司不是要找最优秀的人，而是要找最合适的人。波音747的引擎是很好，但如果你配的机器是拖拉机，发动引擎就会爆炸。"马云曾不断地对人们说："我考三次大学没有考上，一定很平凡，如果你们觉得我今天是成功的，那每个平凡的人都能成功。"可以说，阿里巴巴现在的成功离不开这一用人理念：找到最合适的人才，放在最适合的位置。

在阿里巴巴，有这样一句名言，"让平凡的人做不平凡的事，充分调动他们的积极性跟潜能"。作为管理者，要有知人善任的能力，要能够识别队伍中每一个员工的能力，根据员工自身的能力和专业学识，将其放到与其能力相匹配的岗位上，既不能大材小用，也不能小材大用，以便为企业带来最大的效用。

# $33$　唯才是用，而不是唯文凭是论

盛田昭夫：能力重于学历

 **管理故事**

索尼公司的创始人盛田昭夫是一位世界闻名的企业家，他曾经写过一本总结自己领导经验的书《让学历见鬼去吧》。他在这本世界畅销书中这样说道："我想把索尼公司所有的人事档案烧毁，以便在公司里杜绝在学历上的任何歧视。"不久之后，他就真的将这句话付诸实施了，此举使一大批人才脱颖而出。

索尼公司有这样的宗旨：信奉唯才是用，而不是唯文凭是论。尤其是对科技和管理人员的考核使用，主要是看他们的实际才能，而不仅仅注重其学历。公司录用人员不管什么工种，无论职务高低，都要进行严格的考试。分配工作或提升职位时，主要的依据是他考试成绩的好坏和在实践中所表现出来的能力。索尼公司能够做到这一点，在当今这个高度重视文凭的时代，的确是难能可贵的。

恰恰因为索尼公司能够抛开文凭标准，坚持不拘一格地选拔人才，才使索尼公司逐步形成了一支庞大的科技和管理人员队伍。在索尼公司发展到有1.7万多名雇员的时候，科技人员就达到了3500多人，占到职工总数的22%；管理人员则有1000多人，约占6%。在科技人员当中，科研人员、设计人员、制造技术人员各占1/3，从而实现了人才结构的大体平衡。在总公司设有中央研究所和技术研究所的情况下，研究人员不仅负责开发研制新的产品，还要在理论上加以探讨和研究。索尼公司全力在科学技术上进行投资，每年的研究金额占到总销售额的7%，而许多公司只占3%～5%，这也难怪索尼

公司能够在新产品上遥遥领先了。

"让学历见鬼去吧！"索尼公司的成功实践已证明了盛田昭夫的这句话。当然了，我们说不能只凭学历取人，并非完全否认学历的重要性，盛田昭夫所强调的也是要以能任人，凭才任人，而不局限于他的学历。

## 📖 管理的哲理

许多用人单位的管理者在招聘人才的时候动不动就非名牌大学毕业生不用。其实，学历并不是衡量一个人是否真正有才能的唯一标准。作为领导，千万不要被学历遮住了选拔人才的视野。

学历只是一个人学习经历的证明，并不能真实地反映出一个人的实际能力，一个人文学科的毕业生很可能还是一个电脑高手。所以，作为管理者的你一定要擦亮眼睛，给你的下属找一个合适的位置，让他尽情发挥自己的才能。

# 34　将合适的人放在合适的位置上

弥勒佛与韦陀

## 📝 管理故事

去过寺庙的人都知道，一进庙门，首先是弥勒佛，笑脸迎客，而在他的背后，则是黑头黑脸的韦陀。但相传在很久以前，他们并不在同一个庙里，而是分别掌管不同的庙。

弥勒佛热情快乐，所以来的人非常多，但他什么都不在乎，丢三落四，没有好好地管理账务，所以依然入不敷出。而韦陀虽然管账是一把好手，但成天阴着个脸，太过严肃，搞得人越来越少，最后香火断绝。

佛祖在查香火的时候发现了这个问题，就将他们俩放在同一个庙里，由弥勒佛负责公关，笑迎八方客，于是香火大旺。而韦陀铁面无私、锱铢必较，则让他负责财务，严格把关。在两人的分工合作下，庙里一派欣欣向荣的景象。

## 📚 管理的哲理

高明的管理者能够在用人、处理事情时，用人的长处而不用短处，所以没有办不成的事，也没有建立不了的功业。而糊涂的管理者，不了解人才有自己的长处与短处，而是一味地求全责备。因此，用人时应该考察事物的性质，确定其互利协作的管理秩序，以做到人尽其用。

例如，计谋处世是人的长处，这是动物们所没有的能力，可是攀登又高又险的地方，则是像猴子这样的动物的长处，人就没有这种本领。所以说，在一个企业内，既要有高明的管理人才，也要有能够具体做某件事的庸才，既要有高等人才，也可以有那些淳朴无华的下属。这样，在从事某些强度较大的具体工作时，就不会将高级的人才大材小用了。

总之，在一个人的身上，其才能有长处也有短处，用人就要用其长处而不责备其短处。因此，用人不可求全责备，应用其所长，舍其所短。对偏才来说，更应当舍弃他的不足之处而用他的长处。

# 35　因事择人而不是因人择事

三间房子里的猴子

## 管理故事

美国加利福尼亚大学的学者做了这样一个实验：把六只猴子分别关在三间空房子里，每间两只，房子里分别放着一定数量的食物，但放的位置和高度不一样。第一间房子里的食物就放在地上，第二间房子里的食物分别从易到难悬挂在不同高度的适当位置上，第三间房子里的食物悬挂在房顶。数日后，他们发现第一间房子里的猴子一死一伤，伤的缺了耳朵断了腿，奄奄一息。第三间房子里的猴子也死了。只有第二间房子里的猴子活得好好的。

究其原因，第一间房子里的两只猴子一进房间就看到了地上的食物，于是，为了争夺唾手可得的食物而大动干戈，结果伤的伤，死的死。第三间房子里的猴子虽做了努力，但因食物太高，难度过大，够不着，被活活饿死了。只有第二间房子里的两只猴子先是各自凭着自己的本能蹦跳取食，最后，随着悬挂食物高度的增加，难度增大，两只猴子只有协作才能取得食物，于是，一只猴子托起另一只猴子跳起取食。这样，每天都能取得够吃的食物，很好地活了下来。

做的虽是猴子取食的实验，但在一定程度上也说明了人才与岗位的关系。

岗位难度过低，人人能干，体现不出能力与水平，选拔不出人才，反倒为了位子内耗式地争斗甚至残杀，其结果极似第一间房子里的两只猴子。岗位的难度太大，虽努力而不能及，甚至埋没、抹杀了人才，有如第三间房子里的两只猴子的命运。岗位的难度要适当，如同第二间房子里食物的挂放，从易到难，由低渐高。这样，才能有效地调动每个人的智慧，发挥人的能动性，真正体现出每个人的能力与水平。同时，相互间的依存关系使人才间相互协作，共渡难关。

## 🗄 管理的哲理

　　管理者要坚持量才适用的原则，首先要正确处理好按需使用和量才使用的关系。

　　人事心理学认为，每一种工作都有一个能力阈限值，即每一种工作都只需要恰如其分的某种智力水平。只有这样，才能使工作效率充分发挥出来，同时又可避免人才浪费和人格异常。而导致人格异常的主要心理因素就在于：智商过高的人，从事一项比较简单的工作，往往会对工作感到乏味、不感兴趣而影响工作效率；反之，智力发展水平偏低或智力平庸的人，去从事比较复杂或比较精深的工作时，也往往会感到力不从心，从而产生焦虑心理和人格异常。

　　因此，管理者并不需要把智力优秀的人全部投入某一职务，也不要让能力低下者去承担过重的工作责任，而应合理地确定每一种工作所需要的能力阈限值，因事择人，选择与该工作适应的人员，这就是量才适用的全部核心所在。

# 36 容人之短，用人之长

李嘉诚的用人之道

## ✎ 管理故事

李嘉诚说过："大部分的人都各有长处和短处，好像大象的食量以斗计，蚂蚁一小勺便足够。应以各尽所能、各取所需、量才而用为原则；又像一部机器，假如主要的机件需要500匹马力去发动，虽然半匹马力与500匹相比小得多，但也能发挥其一部分的作用。"

有人曾说，在李嘉诚庞大的商业王国中，只要是人才，就能够在企业中有用武之地。是的，李嘉诚及其所委任的中层领导都明白这个道理。李嘉诚说，就如同在战场，每个战斗单位都有其作用，而主帅对每一种武器的操作未必比士兵纯熟，但最重要的是首领却非常清楚每种武器及每个部队所能发挥的作用——统帅只有明白整个局面，才能做出出色的统筹并指挥下属，使他们充分发挥自身的长处，以及取得最好的效果。

在集团内部，李嘉诚彻底摒弃家族式的管理方式，完全按照现代企业管理模式进行运作。除此之外，他还精于搭建科学高效、结构合理的企业领导班子队伍。李嘉诚深知，企业发展在不同阶段有不同的管理和人才需求，只有适应这样的需要，企业才能突飞猛进，否则企业就要被淘汰出局。

在李嘉诚组建的公司高层领导班子里，各方面人才都十分齐全。有人曾如此评论："这个领导班子既结合了老、中、青的优点，又兼备中西方的色彩，是一个行之有效的合作模式。"

## 🔖 管理的哲理

在一个人的身上，其才能有长也有短，用人就要用其长而不责其短。对待偏才，更应当舍弃他的不足之处而用他的长处。一位优秀的企业管理者如果能懂得趋利避害，用人之长，避人之短，那在他管理之下，队伍中必定人人可用，人人能出成果，企业则兴旺发达，无往而不利。

一个工程师在开发新产品上也许会卓有成就，但他并不一定适合当一名推销员；反之，一个成功的推销员在产品促销上可能会很有一套，但他对于如何开发新产品可能会一筹莫展。如果管理者识人不清，让这位工程师去负责推销，而让推销员去负责产品开发，那结果可想而知。所以，管理者如果在决定雇用一个人之前就能详细地了解此人的专长，并确认这一专长确实是公司所需的话，用错人的悲剧也就可以避免了。

当然，用人所长，并不是对人的短处视而不见，更不是任其发展，而是应做具体分析、具体对待。有些人的短处并不能直接定义为缺点，因为它是和某些长处相伴相生的，它是长处的一个侧面。这类"短处"不能简单地用"减去"消除，只能暂时避开，而关键还在于怎样用它。用得得当，"短"亦变长。克雷洛夫有一段寓言说："某人要刮胡子，却害怕剃刀太锋利，就去搜集了一批钝剃刀，结果是什么都解决不了。"

# 37　管理者要甘当下属的人梯

祁黄羊举人大公无私

## ✏ 管理故事

春秋时期，祁奚，即祁黄羊，是晋国大夫，后任中军尉。有一次，晋国国君晋平公问祁黄羊："南阳县缺个县官，你看应该派谁去比较合适呢？"

祁黄羊毫不迟疑地回答说："叫解狐去最合适了，他一定能够胜任的！"

晋平公很惊奇地问："解狐不是你的仇人吗？你为什么还要推荐他呢？"

祁黄羊说："您只问我什么人能够胜任，谁最合适，并没有问我解狐是不是我的仇人呀！"

于是，晋平公就派解狐到南阳县去上任了。解狐到任后，替那里的人办了不少好事，大家都称颂他。

过了一些日子，晋平公又问祁黄羊："现在朝廷里缺少一个法官，你看谁能胜任这个职位呢？"

祁黄羊说："祁午能够胜任的。"

晋平公又奇怪起来了，问道："祁午不是你的儿子吗？你怎么推荐你的儿子？不怕别人讲闲话吗？"

祁黄羊说："您只问我谁可以胜任，所以我推荐了他，您并没问我祁午是不是我的儿子呀！"

于是，晋平公就派了祁午去做法官。祁午当上了法官，替人们办了许多好事，很受人们的欢迎与爱戴。

　　孔子听到这两件事，十分称赞祁黄羊，说："祁黄羊说得太好了！他推荐人，完全是拿才能做标准，不因为解狐是自己的仇人，心存偏见，便不推荐他；也不因为祁午是自己的儿子，怕人议论，便不推荐。像祁黄羊这样任人唯贤的人，才称得上'大公无私'！"

## 🪨 管理的哲理

　　管理者在寻找人才时一定要善于看清人的长处、短处。扬长避短，把握主流。人的优缺点是可以转化的。如果善于识才，并做到其才为我所用，越突出的才能越会带来大的绩效。同时，管理者要做到知人善任，就要树立客观公正的态度，只有大公无私，才能真正了解人，正确评价人，不至于对人形成扭曲的印象。心公则平，不偏不倚，方能公平衡量人才。

# 38 百年大计，人才为本

联想：将珍珠串成项链

## 管理故事

联想集团从1984年创业时的11个人、20万元资金发展到今天，已拥有近7000名员工、16亿元资产、累计上缴利税10.5亿元，成为具有一定规模的贸、工、技一体化的中国民营高科技企业。当外界纷纷探索联想为什么能如此成功的时候，当一大批优秀的年轻人被联想的外部光环吸引来联想的时候，我们不妨走入联想内部，去看看联想的人力资源管理。

同每一个企业的成长历史相类似，联想也经历了初创、成长到成熟几个阶段。在企业成长的过程中，随着企业规模的扩大，企业领导层越来越认识到人的作用。1995年，集团"人事部"改名为"人力资源部"，这种改变不仅是名称变化，更是一种观念的更新。

北京中关村是人才争夺"重地"，贝尔实验室、微软研究院、IBM研究中心等外资研发机构纷纷在此安营扎寨。在这场人才抢夺战中，联想并不是被动挨打，而是主动迎战。他们认为这些跨国公司的进入，刺激了中国的人才市场机制，同时也给国内企业提供了一个全新的人才观念，提供了一个改变管理机制的学习机会。

为此，联想提出了自己的崭新理论：项链理论。就是说：人才竞争不在于把最大最好的珠子买回来，而是要先理好自己的一条线，形成完善的管理机制，把一颗颗珍珠串起来，串成一条精美的项链。而没有这条线，珠子再大再多还是一盘散沙。没有好的管理形成强有力的企业凝聚力，仅仅依赖高薪也难留住人才。

## 管理的哲理

联想决策层一直关注领军人物的培养，柳传志总裁曾说过："领军人物好比是1，后面跟1个0是10，跟2个0是100……打个比方来说，一个刚兴起的小公司需要关羽、张飞的勇猛善斗，而一个已具规模的企业更需要刘备的知人善用。好的领袖人物需要有识人的眼光和培养人的胆略。"

在过去，人才管理把人视作蜡烛，不停地燃烧直至告别社会舞台。而现在，把人才看作是资源，人好比蓄电池，可以不断地充电、放电。现在的管理强调人和岗位适配，强调人才的二次开发。对人才的管理不仅是让他为企业创造财富，同时也要让他寻找到最适合的岗位，最大地发挥自身潜能，体现个人价值，有利于自我成长。

# 39　授人以鱼，不如授人以渔

苏宁：先招人，后培养人

## ✎ 管理故事

苏宁电器是靠卖空调起家的，随着业务的增长，公司规模和业务覆盖面都相应扩大了。但是扩大后不仅收入增加了，投入也是相应增长的。尤其是后续的配送、安装、维修服务，很烦琐，但又很重要。不过在苏宁刚刚起步的时候，这些环节还是一片空白。

这对苏宁来说是一个难题，没有现成的经验可以借鉴。不过苏宁的带头人张近东却从中看出了商机。如果自己第一个做好这些，那么，必然会赢得更多的客户。可是，由于售后维修服务是一个苦差事，因此虽然苏宁有了这样的战略，却很长一段时间内都没有召集够相应的人才。

后来张近东发现，随着社会的发展，越来越多的农村务工人员开始到城市里找工作，这些人要求不高，而且肯吃苦，正是适合做售后维修的人才。虽然他们没有技术，但可以培训。就这样，张近东做了一个决定，大量吸纳农村务工人员，之后进行技术培训，为客户做售后服务。

这一决定，很快就解决了苏宁的用工问题。而张近东也根据这一事件的启示，确立了自己的人才制度，那就是先招人，后培养人。

张近东的这一计划是非常合理也非常实用的。有些企业招人的时候都是招那些有一定的工作经验的人。这对于某些小公司或许有效，因为他们没有独特的企业文化，因此找一些有经验的可以直接来干活，少了很多培训的费用，比较划算。可是，对于一个大公司或者有自己独特企业文化的公司，再这样招人的话，有时候就有问题了。人都是有惯性思维的，有的人在一家公司待的时间久了，就适应那里的企业文化了。这时候如果跳槽到另一家公司，虽然工作经验有，但总会感觉跟新环境格格不入，这时候反而会出现麻烦。

而自己培养的人才就不存在这个问题。而且，在培养人才的过程中，也是让人才了解并接受企业文化的过程。这样，当一个人培训完成之后，他也就认同了企业的价值观，自然就愿意跟企业共同成长了。

事实也确实如此，苏宁经常会举办大型的大学生招聘会，招聘那些没有任何工作经验的应届毕业生。这些人在苏宁内部经过培训之后上岗。他们不仅工作起来丝毫不比工作了几年的人差，而且还特别认同苏宁的企业文化，是一批勇猛的生力军。而苏宁也就是靠着自己的独特人才计划，高速发展起来的。

张近东始终坚信，在多用人的同时，还要重视发展人，这才是企业永续发展的不竭源泉。如果一个公司没有一个完整的人才培训机制，那么总会有缺人的一天，这是关系到企业长远发展的一个重要因素。

## 管理的哲理

人才的竞争其实也是制度的竞争。一个企业，真正的实力不在于有多少有用的人，而在于能让一个人发挥出多大的效力。如果不会用人，那么即使再多的人才也没有用，反而会因为彼此都有棱角而发生摩擦，影响工作。如果会用人，能够让人发挥出最大的能量来，那么即使是一群普通人，一样可以做出不凡的业绩。

作为一个管理者，一定要有发现人才、使用人才、激发人才和留住人才的手段。这些都是企业发展中的重中之重，是决定企业命脉的因素，也是体现一个管理者能力的地方。

# 40　让人才在公司永久安营扎寨

克莱斯勒公司的留人计划

## 🖊 管理故事

美国汽车巨头克莱斯勒公司决定聘请丰田公司北美主管吉姆·普瑞斯出任克莱斯勒副董事长兼总裁，负责营销业务。随后，新接掌克莱斯勒公司的前家得宝执行长罗伯特·纳德利首次发表重要演说，并提出5点改革计划。另外，公司还从上汽集团挖脚"中国通"墨斐担任亚洲业务的执行官。这一系列的调整，足见克莱斯勒公司重整旗鼓的决心，并显现出克莱斯勒的新老板私募基金——塞尔伯吕资本管理公司的积极行事风格。

克莱斯勒公司宣布招揽丰田汽车公司明星销售与行销主管普瑞斯出任公司高层，将主要负责北美市场销售、国际市场销售、全球行销、产品策略及服务和零部件部分的业务。尽管双方并未公开薪酬，但熟悉内情的人士说，塞尔伯吕提供的股权与其他报酬，远高过其他汽车公司开出的待遇。

61岁的普瑞斯，刚被提升为丰田北美公司总裁兼营销官，但丰田内部人士说，普瑞斯虽然升职，但担任控股公司主管将使他脱离日常营运业务。但普瑞斯本人只想重掌日常的销售、行销与产品规划等工作。这项人事安排可能是普瑞斯离开业绩良好的丰田公司，跳槽克莱斯勒公司的主要原因。

公司有了普瑞斯的加盟，对纳德利来说，在销售方面无疑是如虎添翼。纳德利说，克莱斯勒副总裁汤姆·莱索达和他都非常高兴能邀请汽车业史上最成功的管理者之一，加入新克莱斯勒的管理团队。

汤姆·莱索达更表示，他个人已经认识普瑞斯多年，一直相信他是业界的佼佼者，并期待与普瑞斯合作，和纳德利三人一起组成董事长办公室领导新克莱斯勒。

在此之后，纳德利发表了接掌克莱斯勒公司之后的首度演说，提出了以顾客为尊、改善品质、推动全球成长、发展绿色科技、雇用并留住优秀人才的5项计划，决心让公司起死回生。纳德利说，他的目标不是要让事情放缓，而是要让事情加速。

正如纳德利所说，美国人墨斐飞速离开上汽集团，投入克莱斯勒的怀抱，并以"不容错过的机会"来描述新职，只因克莱斯勒让墨斐出任的职位是克莱斯勒集团的副总裁兼亚洲业务执行官，其中还包括中国和印度的业务。在加入上汽之前，墨斐是通用汽车（中国）集团董事长兼行政总裁，同时还是通用亚太策略委员会的成员。

据相关报道指出，自纳德利出任克莱斯勒执行官后，公司已先后从多家车企挖人。吉姆·普瑞斯已经是克莱斯勒在一个月内第二个用重金从丰田公司挖去的主管。原丰田旗下凌志汽车雷克萨斯部门负责销售的副总裁德博拉·威尔·梅耶也被挖去担任首席营销官兼副总裁。

## 📚 管理的哲理

人才是现代企业的黄金资源。现代企业之间的竞争，越来越演变为人才之间的竞争。谁能吸引最优秀的人才，谁能使用最优秀的人才，谁能留住最精英的人才，谁就能在未来的竞争中赢得绝对的优势。

企业的成功与失败，与用人关系极大。特别是当前的企业，不论其过去有过多么辉煌的历史，大都面临着缺乏优秀人才的窘境。想要尽快摆脱这种困境，欲求企业充满生机，就得花大功夫去选才、育才、用才、留才。一个精兵强将颇多的企业，在商战中，能够攻无不克、战无不胜，处处赢得先机，从而蒸蒸日上，魅力四射。如果用人不当，把工作交给不负责任或执行能力欠佳的人，势必成事不足、败事有余。有了优秀的人才后，协调好人际关系，创造出荣辱与共、同舟共济的团队精神，尤其必要。企业一旦在人际关系上麻烦颇多，必会大耗元气，甚至耗费领导者的精力。

　　所以，作为当今社会的企业领导人，想法设法留住一些精兵强将，不仅是管理艺术的题中之意，更是带领企业蒸蒸日上的必由之路。

# 【管理导航】用人公正至上

管理者在选择和任用人才时，要秉承公开公正的原则。

有许多优秀的人才，由于长年在基层工作，最了解他们的是一线员工。正常的情况下，得到同事们认可的人才，一般都具有一定的代表性和先进性。因此在人才的选拔上，要有一定程度上的民主。当然，有些时候，对于一些特殊的人才可以不采用公认原则，因为他们可能在性格上有诸多缺陷，从而影响他在别人心目中的认同度。破格录取人才的办法只能在特殊情况下才能使用，否则会引起整个单位的动荡。

公开公正原则要求管理者以身作则。管理者在对人才选拔的时候，一定要制订详尽的人才选拔标准，并向众人昭示，自己正是靠这种标准上来的。

管理者理所当然的是集体的核心，集体事业的成败实际就是管理者事业的成败。管理者必须也应该把全身心的精力放在集体事业上，处处为这个集体考虑。在识才任人上，管理者也应出以公心，从集体发展的角度出发，仔细辨别应聘者的才能，能者聘之，无才者拒之，而不管他是你的亲戚还是密友。不过，针对不同的人采取的方法应该不同，对于亲近之人，当然不好直接回绝，应多找些借口，让对方知道你是真心的，这样既有益于集体又有益于自己的事业，同时又处理好了与亲近之人的关系，不至于让自己在人际关系中处于孤立的境地。这需要管理者发挥好自己的用人艺术才能。同样对那些有才能之人，只要能促进本集体的事业都应大胆地选用。

识才必须至公，而不为私利所惑，为个人感情所欺，为外部压力所屈。用人必须出以公心，这既是一项原则，又是前人经验的总结。要做到至公，除了管理者本身具有以公为上的高尚品质以外，还要跟自己的憎恶喜爱做斗争，还要游离于亲情之外，还要能抵制外部忽来的压力，做到不避亲仇，为国取才、为公取才。

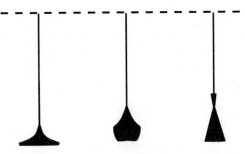

# 第五辑
## 权力管理：领导解放，管理重生

授权是管理者最重要的组成部分。

——洛克·泰勒（美）

有效授权也许是唯一且最有力的行为。

——史蒂芬·柯维（美）

一位称职的管理者应该只做自己该做的事，不做部属该做的事。

——松下幸之助（日）

# 41 事必躬亲的管理者不是好管理者

戴尔：把公司的钥匙交给员工

## 管理故事

戴尔电脑公司今天已经是全球举足轻重的跨国企业。从十几年前创业到现在，戴尔切身领悟到了很多宝贵的管理经验。

戴尔开始创业时，还在大学念书，习惯晚睡晚起的作息。所以公司刚开始成立时，每天必须早起就是一件很痛苦的事情。而戴尔又是唯一一个有公司钥匙的人，因此，每次只要戴尔睡过头，一到公司附近，远远地他就会看到二三十个人在门口闲晃，等着戴尔来开门。所以，戴尔公司刚成立时，很少在九点半以前开门。后来，逐渐提前到九点。到最后，公司终于改成八点上班，因为戴尔把钥匙交给了公司员工。

要交出去的，还不只办公室大门的钥匙。

有一次，戴尔正在办公室忙着解决复杂的系统问题，有个员工走进来，抱怨说他的硬币被自动可乐贩卖机吃掉了。戴尔问他："这种事为什么要告诉我？"他说："因为贩卖机的钥匙是你保管的。"那一刻，戴尔才知道，应该把自动贩卖机的钥匙也交给别人保管。

## 管理的哲理

把公司的钥匙交给员工——当然，交给员工钥匙是非常重要的，更重要的是把各种无形的钥匙也交给员工，将权力和事务适度地交给员工。

不愿授权和不会授权的管理者，将给自己积聚愈来愈多的决策事务，使自己在日常琐碎的工作细节中越陷越深，甚至成为碌碌无为的"事务主义"者。由于个人的时间和精力有限，这种管理者最后不得不"分给别人一点"。到此地步，有些事已一拖再拖，另一些事可能根本无暇顾及，导致许多需要管理者处理的大事却搁在一边。另外，下级的积极性也受到压抑，工作失去了兴趣和主动性。

德鲁克认为，任何一个管理者，都没有足够的时间完成他所有想完成的事情。管理者应该学会如何放权让人去完成一些事情。管理者没必要事必躬亲，尽量减少管理，放手让别人干，才是明智之举。

# §42　放手让下属去施展才华

"凡事问管仲"——学会放权

## 🖉 管理故事

春秋时期，有一次，晋国派使者晋见齐桓公，负责接待的官员向齐桓公请示接待的规格。

齐桓公只说了一句话："问管仲。"

接着，又来一位官员向齐桓公请示政务，他还是那句话："问管仲。"

在一旁侍候的人看到这种情形，笑着说："凡事都去问管仲，照这么看来，当君主蛮轻松的嘛！"

齐桓公说："像你这样的小人物懂什么呢？当君主的辛辛苦苦地网罗人才，就是为了运用人才。如果凡事都由君主一个人亲自去做，一则不可能做得了，再则就浪费了苦心找来的人才了。"

齐桓公接着说："让管仲当我的臣下，既然交付给他处理，齐国就安泰，我就不应该随便插手。"

## 📚 管理的哲理

网罗人才是一件很辛苦又费力的事，得到真正的人才不容易。一旦得到贤良而忠心的人才辅佐，国家就会兴旺安泰。要放手让人才去发挥自己的才干，身为领导者，就不要随便插手干预。正是因为齐桓公的贤明，再加上管仲的大力辅佐，不久之后，齐国就成为了霸主。

　　无论是鲁君，还是齐桓公，他们的话都很值得细细品味。管理者用人只给职不给权，事无巨细都由自己定调、拍板，实际上是对下属的不尊重、不信任。这样，不仅会使下属失去独立负责的责任心，还会严重挫伤他们的积极性，难以使其尽职尽责，到头来工作搞不好的责任还得由领导者自己来承担。

　　身为领导，应该放手让下属去施展才华，当他确实违背了工作的主旨时，你再出手干预，将他引上正轨。只有将下属的积极性全部调动起来，你的事业才能迅速地获得成功。

# 43　高明的管理是让聪明人为自己工作

老迈的鹦鹉为什么能值800元

## ✎ 管理故事

一个人去买鹦鹉，看到一只鹦鹉前标道：

此鹦鹉会两门语言，售价200元。

另一只鹦鹉前则标道：

此鹦鹉会四门语言，售价400元。

该买哪只呢？两只都毛色光鲜，非常灵活可爱。这人转啊转，拿不定主意。

结果突然发现一只老掉了牙的鹦鹉，毛色暗淡散乱，标价800元。

这人赶紧将老板叫来问："这只鹦鹉是不是会说八门语言？"

店主说："不。"

这人奇怪了，问："那为什么又老又丑，又没有能力，会值这个数呢？"

店主回答："因为另外两只鹦鹉叫这只鹦鹉为老板。"

## ▦ 管理的哲理

这个故事告诉我们，真正的管理者，不一定自己能力有多强，只要懂信任、懂放权、懂珍惜，就能团结比自己更强的力量，从而提升自己的身价。相反，许多能力非常强的人却因为事必躬亲，以为别人都不如自己，最后他只能做最好的公关人员、销售代表，成不了优秀的领导人。

有一句话说：聪明的人为自己工作，更聪明的人是让聪明的人为自己工作。一个优秀的管理者应该尽量挖掘下属的能力，把日常的工作放权于下属人员，以腾出时间去做他真正应该做的工作，即组织工作和计划设想未来。管理者最大的智慧莫过于博采众人的智慧，最高的才能莫过于运用众人的才能。

# 44 放权，释放员工的潜能

盛田昭夫的用权之道

## 管理故事

索尼的老板盛田昭夫是一个懂得适度放权的人。同样，被他提拔的井深大也是这样的人，他们二人共同创造了索尼的辉煌。

井深大刚进索尼公司时，索尼还是一个小企业，总共才20多个员工。盛田昭夫信心百倍地对他说："你是一名难得的电子技术专家，你是我们的领袖。好钢要用在刀刃上，我把你安排在最重要的岗位上——由你来全权负责新产品的研发。对于你的任何工作我都不会干涉，我只希望你能发挥带头作用，充分地调动全体人员的积极性。你成功了，企业就成功了！"

这让井深大感受到巨大的压力。尽管井深大对自己的能力充满信心，但还是有些犹豫地说："我还很不成熟，虽然我很愿意担此重任，但实在怕有负重托呀！"盛田昭夫对他很有信心，坚定地说："新的领域对每个人来说都是陌生的，关键在于你要和大家联起手来，这才是你的强势所在！众人的智慧合起来，还有什么困难不能战胜呢？"

井深大兴奋起来："对呀，我怎么光想自己？不是还有20多名富有经验的员工嘛！为什么不虚心向他们求教，和他们一起奋斗呢？"于是，井深大信心满满地开始投入工作。就像盛田昭夫放权给他一样，他把各类事务的处置权下放给各个部门，比如他让市场部全权负责产品调研工作。

在大家的团结协作下，一道道难关接连被攻克，索尼于1954年试制成功了日本最早的晶体管收音机，并成功地推向市场。索尼公司凭借此产品傲视群雄，进入了一个引爆企业发展速度的新纪元。

## 🗄 管理的哲理

　　在这个案例中，我们应注意最为重要的两个环节：盛田昭夫放权给井深大，井深大放权给其他部门。在充分授权下，索尼公司最大限度地发挥出团队的整体作用，调动了每一位员工的积极性，从而取得了巨大成功。

　　这就是放权的魅力。管理者的放权可以营造出企业与员工的信任，让企业的组织结构扁平化，更能促进企业全系统范围内的有效沟通。权力的下放可以使员工相信，他们正处在企业的中心而不是外围，他们会觉得自己在为企业的成功做出贡献，积极性将空前高涨，潜能也被激发出来。他们将表现出决断力，勇于承担责任并在一种积极向上的氛围中工作。在这样愉悦、上进的氛围中，员工不需要通过层层的审批就可以采取行动，参与的主动性大大增强，企业的目标自然会很快得到实现。

# 45 什么都管，什么都管不好

疲于应付的店铺老板汉斯

## ✏️ 管理故事

美国有个叫汉斯的企业家，在发展到几家大百货商场后，依旧采用小店铺的老板作风，对公司的上上下下，关切个彻透：哪个管理者做什么，该怎么做；哪个员工做什么，该怎么做，他都布置得精微妥帖。而当他出外度假时，才出门一周，反映公司问题的信件和电话就源源不断，而且净是些公司内部的琐碎小事。这使得汉斯不得不提前结束原准备休一个月的假期，回公司处理那些琐碎的问题。

假如汉斯在企业管理中做到层次分明、职责清晰，怎么会度不成一个安稳的假期呢？究其原因，在于他的管理有问题，事无大小全凭汉斯一人指挥，滋养了部下和员工们的惰性，造成了企业员工缺乏积极性、主动性和创造性的局面，以至于离开了他，公司便无法正常运转。就管理成效而言，这是一种十分糟糕的情况。

## 🗂️ 管理的哲理

聪明人喜欢自己思考，独立行事，只有愚蠢的人才会事无巨细地什么都管。如果企业的老板越权指挥，包办一切，什么都不放心，从企业的经营策略到车间的生产计划，再到窗户擦得是否干净，他全管，这就恰好适应了那些懒虫的心理习惯：他们不愿动脑，不愿思考，只需伸手，便可完成工作了，出了问题也不必承担责任，因为有老板事事包揽。谁不喜欢这样的"好"老板？

在管理中，老板要和部下、员工打成一片，但在涉及具体的权利和职责，或处理公司内部的种种问题时，老板就必须注意管理的层次，切忌越权指挥。对一个现代化的企业，企业领导更不宜全方位插手大大小小的事务。

# 46　怎么授权比怎么用权更重要

精于授权的北欧航空公司董事长

## 🖊 管理故事

北欧航空公司董事长卡尔松大刀阔斧地改革北欧航空系统的陈规陋习，就是依靠合理的授权，给部下充分的信任和活动自由而进行的。

开始时，他的目标定位是把北欧航空公司变成欧洲最准时的航空公司，但他想不出该怎么下手。卡尔松到处寻找，看到底谁能来负责处理此事，最后他终于找到了合适的人选。于是卡尔松去拜访他："我们怎样才能成为欧洲最准时的航空公司？你能不能替我找到答案？过几个星期来见我，看看我们能不能达到这个目标。"几个星期后，他约见卡尔松。卡尔松问他："怎么样？可不可以做到？"

他回答："可以，不过大概要花6个月，还可能花掉160万美元。"

卡尔松插嘴说："太好了，说下去。"因为他本来估计要花5倍多的代价。

那个人吓了一跳，继续说："等一下，我带了人来，准备向你汇报，我们可以告诉你到底我们想怎么干。"

大约4个半月后，那人请卡尔松看他几个月来的成绩。当然已使北欧航空公司成为欧洲第一。但这还不是他请卡尔松来的唯一原因，更重要的是他还省下了50万美元。

卡尔松事后说："如果我先是对他说：'好，现在交给你一项任务，我要你使我们公司成为欧洲最准时的航空公司，现在我给你200

万美元，你要这么这么做。'结果会怎样？你们一定可以预想到。他一定会在6个月以后回来对我说：'我们已经照你所说的做了，而且也有了一定进展，不过离目标还有一段距离，也许还需花90天左右才能做好，而且仍要100万美元经费。'可是这一次这种拖拖拉拉的事却不曾发生。他要这个数目，我就照他要的给，他顺顺利利地就把工作做完了，也办好了。"

可见，合理授权的重要程度有多大。

## 🗿 管理的哲理

作为管理者，贵在学会科学地授权。通过合理授权，使管理者重在管理，而非从事具体事务；重在战略，而非战术；重在统帅，而非用兵。通过"分身之术"，有利于管理者议大事、抓大事，居高临下，把握全局。

合理地分权，有利于调动下属在管理工作中的积极性、主动性和创造性；有利于激发下属的工作情绪，增长才干，培养人才，使上级管理者的思想意图为群体成员所接受。

# 47 赋予员工充分的自由和权利

李惠森的管理"自动波"

## ✏ 管理故事

和任正非、宗庆后等企业家每天日出而作、日落难息的生活状态相比，南方李锦记有限公司董事长、李锦记第四代传人李惠森的生活可谓十分惬意：一觉睡到自然醒，醒来后可以在高尔夫球场上自由挥杆。坊间传闻，李惠森每月只需工作两天，他经常去加拿大滑雪，一玩就是几个月。企业管理者过着轻松自由的生活，企业利润每年却以两位数的百分比在增长，达到了大多数企业管理者所向往而不及的境界。活得轻松而惬意的李惠森，蝉联了2011年和2012年的年度"亚洲最佳雇主"和"中国最佳雇主"称号。

对于这份成功，李惠森将其归功于自己归纳出的一套管理模式——自动波。在他看来，作为管理者，强有力的控制力远不如创造一个适合员工发挥的机制来得有效。李惠森所追求的管理境界是：赋予员工充分的自由和权利，权利产生责任，责任会让他们增强对企业的信任度和对自身前景的信心。这样一来，员工会更加努力，管理者就能变得更轻松。

李惠森的自动波管理模式起源于1997年李锦记内部的一次培训课。在那次培训课上，他接触到老子的《道德经》，"太上，下知有之；其次，亲而誉之；其次，畏之；其次，侮之"，这句话给他留下了很深的印象。在学习《道德经》的过程中，李惠森认识到领袖可以分为4种：员工都憎恨的最低级的领袖；员工们都惧怕的第三级领袖；魅力无穷、人们愿意追随的第二级自然领袖；不用事事亲力亲为，员工们就会主动把所有事情处理得井井有条的无形领袖，即最高级领袖。

李惠森受《道德经》的启发，希望找到一种能让企业管理者"隐形"、让同仁发挥潜能的方法：即便企业管理者不在，大家也能各司其职，密切配合，朝着一个方向努力。就像使用"自动波"的汽车一样，能自动调节，司机只要专注于方向与路况就好了。通过反复的实践和论证，他终于找到了，这就是自动波的管理模式。管理者的心态和技巧，选对人才、充分授权、充分信任的队伍氛围，高效的队伍和共同目标，是该管理模式的关键因素。如同一条流水线，只要各个环节做好了，整体就能运转自如。到时，管理者就只需要在旁稍加注意就行了。

自动波管理模式历时十几年，已臻于成熟，关键因素也表述为6项：选对人才，高信氛围，高效团队，共同目标，有效授权，教练育才。如今，李惠森每月只用两天去办公室，这两天还基本上都用在与核心管理层见面、吃饭和聊天上。在他的办公室里，有两张宽大的按摩椅，办公桌是一张小圆桌。李惠森的工作一般是在按摩椅上完成的，谈话也主要集中在他可以给下属提供什么样的资源、给予怎样的支持上。

## 🏛 管理的哲理

许多堆到领导桌子上的工作，本来就不应该由领导来做，管理者的主要任务是统筹全局，展望未来，而不是忙于去监督日常工作。许多管理者往往过高地估计自己的重要性，揽的工作太多，以为这些工作只有他们才能做，而本单位的其他人是不能完成的。结果，他们陷入了疲于应付的局面之中。

作为一名管理者，具体地说，要想提高效率，就应该把精力集中到少数能获得突出成果的重要领域中去，次要的工作完全可以交给别人去做。

集中精力是提高效率的关键，只有当他认识到集中精力办一件事情的重要性时，才能出成果，他不应该因次要的问题分散精力。

# 48 一手授权，一手控权

施振荣授权失误铸成大错

## 管理故事

1984年4月，当时宏碁的董事长兼总经理施振荣看到刘英武在美国电脑界很有声望，于是专门将他高薪聘请过来，高兴地称他为宏碁全球扩展的"秘密武器"，并把经营决策权交给了他。

刘英武一上任，就采用高度集权的管理方式，放弃了公司长期实行的"快乐管理"，独断专行，不允许下属发表过多意见。同时，马不停蹄地将IBM的企业文化精髓灌输给宏碁，召集经理们开马拉松式的会议，让人们听从他的决定。他做了一系列失败的收购决策，导致公司遭受巨大损失，致使员工议论纷纷，人心浮动。

由于经营不善，许多员工纷纷抱怨刘英武的决策有误。其中最大的抱怨来自施振荣的妻子叶紫华。施振荣以他一向的坦诚回忆道："我的妻子批评最多，我们总是争吵。我知道公司陷入危机，但总得给别人机会，所以我支持刘英武。但她听到的是下面经理们对他的抱怨，并且感觉到公司即将被榨干血汗。"叶紫华也承认："施振荣没有看到真相，所以我随时都和他争吵。"

后来施振荣也逐渐意识到对刘英武的任命是一个错误。无奈之下，只有重掌帅旗，整顿公司。

为什么声名赫赫的刘英武没能给宏碁带来突飞猛进的发展，反而带来了重重危机？

答案不言而喻，首先刘英武的管理能力有一定的欠缺，再就是施振荣的授权是一种没有控制的授权。如果施振荣能在刘英武上任之前，对他的权力做出限制，让他了解组织中哪些东西可以改变，哪些不能，对他的决策权力进行一定的指导和控制，并建立错误纠正机制，就可以避免失败的结果。

## 管理的哲理

　　管理专家彼特·史坦普曾经说过："权力是一把'双刃剑'，用得好，则披荆斩棘无往不利；用得不好，则伤人害己误事。成功的企业领导不仅是授权高手，更是控权高手。"不会授权的管理者不是一个好管理者，不会控权的管理者是一个不合格的管理者。

　　授权必须是可控的，不可控的授权等于弃权。管理者在授权后不能放任自流，还要加强监控。一旦出现异常的人员变动、资金外流、质量事故、效益下滑、耽误工期等情况，对公司的生产经营会造成严重影响的事件，要及时过问，听取汇报，得到真实的合理的解释。若某些问题被授权人解决不了，则要果断出手相助，不要等问题搞大了，搞秋后算账。

　　总之，既要充分授权，又能及时监控，这种辩证法的管理思想是每个管理者应不断学习和实践的。

# $\int 49$　授权不是让权，不能撒手不管

"成也萧何，败也萧何"的三株

 **管理故事**

创业时注册资本仅30万元的三株，曾在短短的三四年内创造了销售额80多亿元、资产40多亿元的奇迹。三株公司覆盖了除西藏以外的整个中国大陆的所有省会城市、大中城市和绝大部分地级市的自营销售网络，和在绝大部分中国农村的土墙、电线杆甚至厕所墙壁上都能看到的"三株口服液"的"无成本广告"，成就了其在中国保健品行业至今无人逾越的帝国基业。在鼎盛时期，三株在全国共拥有600个销售分公司或子公司，这些公司在县、乡、镇又管辖着2000个办事处和总数超过15万的销售人员。从某种意义上讲，三株的销售网络是其最宝贵的财富。

但从1997年开始，三株公司的销售额急剧下滑，销售网络的失控最终使公司陷入困境。三株总裁吴炳新在总结三株的十五条失误中，谈及销售网络的管理时指出了以下几点：营销管理体制出现了严重的不适应，集权与分权的关系没有处理好。1997年初，公司曾尝试放权，但许多子公司不会用权或滥用权力的现象严重；企业机构臃肿，各体系、各中心画地为牢，演变为"诸侯割据"的局面，使总公司的战略无法有效贯彻，一些子公司欺上瞒下，信息沟通系统产生严重偏差；渠道浪费现象严重，行政费用惊人；财务管理失控，财务与营销脱节，"亏总部，富个人"现象很普遍；市场监控不利，冲货现象严重，广告失真，失信于消费者；销售人员创新精神消失殆尽。这些由于集权与分权

关系没能处理好而带来的种种问题，居然动摇了一个庞大帝国的基业。

## 🏛 管理的哲理

　　三株公司的渠道系统属于典型的产权型渠道关系，利用这种渠道系统，三株摆脱了分销商的控制，将分销控制权完全掌握在自己手中。可以说，没有这张"疏而不漏"的销售网络就没有三株的帝国基业，但三株最终的落败也正是源于这种号称最易控制的渠道系统的失控。

　　管理者的授权，是让下属分担责任，要放手让他们对各自职权范围内的事进行决策和处理，只有当下属之间发生矛盾不协调时，管理者才出面解决。授权不是让权，授权以后管理者照样负有全部责任，不能撒手不管。如果管理者授权是图省事，享清闲，自己当"甩手掌柜"，那就错了。管理者在其位，就要谋其政，行其权，负其责。

　　管理者明确授权之后，主要职责就是进行有效的控制，就要做到牢牢掌握总目标，放手不撒手，对下属应多加指导。

# 50　哪里有行动，哪里就有权

通用食品公司：解放权力，企业重生

## 管理故事

　　美国通用食品公司最初实行的是权力集中式管理，销售、市场推销、研究、人事及其他主要工作都受总公司管辖。过了一段时间，公司高层管理者发现他们处理的多是一些无足轻重的日常决策，有时在进行决策时还涉及实际冲突，这使他们精疲力竭。这种领导体制严重限制了高层的领导力量。他们都觉得必须建立一种更合理、更有利于发展的体制。

　　公司的管理者按照适当性、可控性、带责信任、考绩等原则，重新安排公司在管理方面的人力物力。他们首先采取的，就是使公司的许多工作、产品及市场都改由比较接近第一线的工作人员来做决策，做到"哪里有行动，哪里就有权"。

　　他们的目标，就是把各部门具体的管理责任，放在各部门经理身上，而有关公司的决策、目标和协作的责任，仍然由公司的管理者来承担。

　　几经分合和权衡，通用食品公司形成了五个经营部门，部门下又设有"策略性商业组"。经过改组，这些部门都能把业务的重心集中到消费市场上来，避免了以前那种消耗和浪费，也使通用食品公司能够以最集中的方式运用它的财力和物力来配合业务的增长。在新的领导体制下，各部门经理对直接投资取得足够利润要分担责任。重要的是，他们要负责使各部门内的财力、物力得到最佳的运用，并负责采纳部门内"策略性商业组"经理所建议的策略。而各组的经理则要负责维持他们业务的健全而具竞争性的地位，并提供利润。

　　实行新的管理体制使通用食品公司取得了令同行钦佩不已的经营业绩，并使通用食品公司成为美国的著名企业之一。

## 管理的哲理

　　适当的分权或放权可以使管理工作有比较合理的分担，减少了浪费个人能力并使管理人员不至于把精力用在不该用的地方；培养出一批特殊的管理人员，他们有独立的见解、足智多谋、头脑灵活，给企业决策带来巨大的帮助，更有利于企业的发展。

# 【管理导航】如何授权不失权

领导者若控制的范围过大，触角伸得太远，这种控制就难以驾驭。如何做到既授权又不失控呢？下面几点颇为重要。

一是评价风险。

每次授权前，领导者都应该评价它的风险。如果可能产生的弊害大大超过可能带来的收益，那就不予授权。如果可能产生的问题是由于领导者本身原因所致，则应主动矫正自己的行为。当然，领导者不应一味追求平衡保险而像小脚女人那样走路。一般来说，任何一项授权的潜在收益都和潜在风险并存，且成正比例。风险越大，收益也越大。

二是授予"任务的内容"，不干涉"具体的做法"。

授权时重点应该放在要完成的工作内容上，无须告诉完成任务的方法或细节，这可由下级人员自己来发挥。

三是建立信任感。

如果下属不愿接受授予的工作，很可能是对领导者不够信任。所以，领导者就要排除下属的疑虑和恐惧，适当表扬下属取得的成绩。另外，要着重强调：关心下属的成长是领导者的一项主要职责。

四是进行合理的检查。

检查有以下的作用：指导、鼓励和控制。需要检查的程度决定于两方面：一方面是授权任务的复杂程度；另一方面是被授权下属的能力。领导者可以通过评价下属的成绩、要求下属写进度报告、关键时刻同下属进行研究讨论等方式来进行控制。

五是学会分配"讨厌"的工作。

分配那些枯燥无味的或人们不愿意干的工作时，领导者应该开诚布公地讲明工作性质，公平地分配繁重的工作，但不必讲好话道歉，要使下属懂得工作就是工作，不是娱乐游戏。

六是尽量减少反向授权。

部下将自己应该完成的工作交给领导者去做，叫作反向授权，或者叫作倒授权。发生反向授权的原因一般是：下属不愿冒风险，怕挨批评，缺乏信心，或者由于领导者本身"来者不拒"。除非有特殊情况，领导者不能允许反向授权。解决反向授权的最好办法是在同下级谈工作时，让其把困难想得多一些，细一些。必要时，领导者要帮助部下提出解决问题的方案。

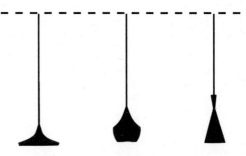

# 第六辑
## 沟通管理：管理就是沟通，沟通，再沟通

管理就是沟通，沟通，再沟通。

            ——杰克·韦尔奇（美）

管理者的最基本能力：有效沟通。

            ——L·威尔德（英）

企业管理过去是沟通，现在是沟通，未来还是沟通。

            ——松下幸之助（日）

# 51　管理中70%的错误缘于沟通不善

沟通失误夺去了73条人命

## ✎ 管理故事

1990年1月25日发生了一个悲剧事件。那一天，由于阿维安卡52航班飞行员与纽约肯尼迪机场航空交通管理员之间的沟通障碍，导致了一场空难事故，机上73名人员全部遇难。

1月25日晚7点40分，阿维安卡52航班飞行在南新泽西海岸上空11 277.7米的高空。机上的油量可以维持近两个小时的航程，在正常情况下，飞机降落至纽约肯尼迪机场仅需不到半小时的时间，这一缓冲保护措施可以说十分安全。然而，此后发生了一系列耽搁。首先，晚8点整，肯尼迪机场管理人员通知52航班由于严重的交通问题，他们必须在机场上空盘旋待命。

晚8点45分，52航班的副驾驶员向肯尼迪机场报告他们的"燃料快用完了"。管理员收到了这一信息，但在晚9点24分之前，没有批准飞机降落。在此之间，阿维安卡机组成员再没有向肯尼迪机场传递任何情况十分危急的信息，但飞机座舱中的机组成员却相互紧张地通知他们的燃料供给出现了危机。

晚9点24分，52航班第一次试降失败。由于飞行高度太低，以及能见度太差，因而无法保证安全着陆。当肯尼迪机场指示52航班进行第二次试降时，机组成员再次提到他们的燃料将要用尽，但飞行员却告诉管理员新分配的飞行跑道"可行"。晚9点32分，飞机的两个引擎失灵，1分钟后，另两个也停止了工作，耗尽燃料的飞机于晚9点34分坠毁于长岛。

当调查人员考察了飞机座舱中的磁带并与当事的管理员交谈之后，他们发现导致这场悲剧的原因是沟通的障碍。为什么一个简单的信息既未被清楚地传递又未被充分地接受呢？下面我们针对这一事件做进一步的分析。

首先，飞行员一直说他们"燃料不足"，交通管理员告诉调查者这是飞行员们经常使用的一句话。当被延误时，管理员认为每架飞机都存在燃料问题。但是，如果飞行员发出"燃料危急"的呼声，管理员有义务优先为其导航，并尽可能迅速地允许其着陆。一位管理员指出，如果飞行员"表明情况十分危急，那么所有的规则程序都可以不顾，我们会尽可能以最快的速度引导其降落的"。遗憾的是，52航班的飞行员从未说过"情况紧急"，所以肯尼迪机场的管理员一直未能理解飞行员所面对的真正困境。

其次，52航班飞行员的语调也并未向管理员传递燃料紧急的严重信息。许多管理员接受过专门训练，可以在各种情境下捕捉到飞行员声音中极细微的语调变化。尽管52航班的机组成员相互之间表现出对燃料问题的极大忧虑，但他们向肯尼迪机场传达信息的语调却是冷静而职业化的。

最后，飞行员的文化和传统，以及机长的职权也使52航班的飞行员不愿意声明情况紧急。正式报告紧急情况之后，飞行员需要写出大量的书面汇报。另外，如果发现飞行员在计算飞行过程需要多少油量方面疏忽大意，联邦飞行管理局就会吊销其驾驶执照。这些消极因素极大地阻碍了飞行员发出紧急呼救。在这种情况下，飞行员的专业技能和荣誉感甚至可以用机上70多条人命作为赌注。

沟通上的漏洞和不到位，造成了一场悲剧，实在是让人深为痛心！

## 管理的哲理

著名管理学家巴纳德认为："沟通是一个把组织的成员联系在一起，以实现共同目标的手段。"有关研究表明：管理中70%的错误是由于不善于沟通造成的，沟通甚至可以决定企业生与死的命运。

任何一个组织只有通过信息沟通，才能成为一个与其外部环境发生相互作用的开放系统。尤其是在环境日趋复杂、瞬息万变的情况下，与外界保持着良好的沟通状态，及时捕捉商机、避免危机是企业管理人员的一项关键职能，也是关系到企业兴衰的重要工作。

沟通是解决一切问题的基础。在企业管理中，沟通虽不是万能的，但没有沟通却是万万不能的。

# 52　管理要到位，沟通先到位

蜂舞法则——管理离不开沟通

## ✏ 管理故事

奥地利生物学家弗里茨经过细心的研究，发现了蜜蜂"舞蹈"的秘密。蜜蜂的舞蹈主要有"圆舞"和"镰舞"两种形式。工蜂回来后，常做一种有规律的飞舞。如果工蜂跳圆舞，就是告诉同伴蜜源与蜂房相距不远，约在100米左右。如果工蜂跳镰舞，则是通知同伴蜜源离蜂房较远。路程越远，工蜂跳的圈数越多，频率也越快。如果跳"8"字形舞，并摇摆其腹部，舞蹈的中轴线跟巢顶的夹角，正好表示蜜源方向和太阳方向的夹角。蜜蜂跳舞时头朝上或朝下，与告知蜜源位置之方向有关：跳舞时头朝上，表明找寻蜜源位置必须朝着太阳的方向飞行。

这就是管理心理学中著名的"蜂舞法则"。"蜂舞法则"揭示的道理是：信息是主动性的源泉，加强沟通才能改善管理的效果。管理者要像蜜蜂采蜜一样，吸取各种沟通方式的特点，将"蜂舞"融入自己的管理艺术中。

## 📖 管理的哲理

领导与下属沟通，就是领导与下属之间在思想、观点、意见、感情、愿望、认识问题等方面交流的过程。良好的沟通能够达成决策共识、建立相互信任、促进彼此感情、形成团队合力、提高落实效率。没有沟通或失败的沟通，会产生误解、相互猜忌、伤害感情，甚至形成对立或仇恨。

　　一个企业要实现高速运转，要让企业充满生机和活力，有赖于下情能为上知，上意迅速下达。有赖于部门之间互通信息、同甘共苦、协同作战。要做到这一点，有效的沟通是必须的。

　　有效沟通，使组织成员感到自己是组织的一员；激励成员的动机，使成员为组织目标奋斗；提供反馈意见；保持和谐的劳资关系；提高士气，建立团队协作精神；鼓励成员积极参与决策；通过了解整个组织目标，改善自己的工作绩效；提高产品质量和组织战斗力；保证管理者倾听群众意见，并及时给予答复。

# 53    沟通是管理的浓缩

山姆·沃尔顿：我的工作就是沟通

## ✐ 管理故事

从外表来看，山姆·沃尔顿是一个普通人。他在美国经济大萧条时期长大，"二战"时期曾在军中服役，正是这个名不见经传的人后来创建了世界上最大的零售企业。1962年，沃尔顿在罗杰斯城创办了第一家沃尔玛折扣百货店，营业面积为1500平方米，第一年的营业额就达到70万美元，并最终于1969年10月31日成立沃尔玛百货有限公司。

在20世纪70年代，沃尔玛的销售收入和纯收入以每年40%的速度增长着。营业收入和纯收入分别在10年时间增长40倍和35倍。这使沃尔玛一跃成为全美最年轻的年销售收入超10亿美元的区域性零售公司和成长最快的、领先的区域性折扣百货公司。而20世纪80年代则是沃尔玛走向巨人的10年，在这10年内它保持了35%以上的年增长速度和不断下降的经营成本，使它成为全国零售行业的巨人。

山姆曾经指出："沟通是管理的浓缩。如果你必须将沃尔玛体制浓缩成一个思想，那可能就是沟通，因为它是我们成功的真正关键之一。我们以许多种方式进行沟通，从星期六早晨的会议到极其简单的电话交谈。在这样一家大公司实现良好沟通的必要性，是无论怎样强调也不过分的。"在他看来，最重要的莫过于公司与员工的沟通。他总是不遗余力地与他手下的经理和员工们沟通。

山姆认为，让员工了解公司业务的进展情况、与员工共享信息是与员工沟通和联络感情的核心。山姆常会对沃尔玛商店进行不定期的视察，并与员工们保持沟通，这使他成为深受大家敬爱的老板，同时也使他获得了大量的第一手信息。他通过沟通发现问题，同时也借此机会挖掘人才。随着科技的不断进步，沃尔顿与公司内部的沟通手段也在不断更新，开始应用计算机、人造卫星等高科技手段。

## 管理的哲理

　　良好的沟通能力也是管理者必须具备的能力之一，特别是与员工的沟通。沟通在管理过程中非常重要，有两个70%可以很直观地反映沟通在企业管理中的重要性。第一个70%是指企业管理者70%的时间是用在沟通上，比如开会、谈判、对外各种拜访等；第二个70%是指企业中70%的问题是由于沟通障碍引起的，比如企业里面执行力差、领导力不够强等问题，归根结底都与沟通不够有关。

　　沟通一向是、现在是、将来也依然是企业管理中的重要问题。能否有效沟通，决定着管理者的成败，同时也决定着企业的成败。

# 54　沟通力就是凝聚力

摩托罗拉：每季度问员工6个问题

### 🖊 管理故事

　　摩托罗拉之所以能位列世界财富百强企业，是与注重和员工积极有效的沟通分不开的。

　　摩托罗拉在某个时候会放弃一些业务，但他们从不放弃凝聚全球的员工，在沟通上做得非常好，令员工感到彼此之间像朋友。

　　摩托罗拉公司总裁每周都会发一封信给员工，把他这一周会见的客户告诉员工，其中包括他这周带孩子去钓鱼这样的事。信中还一再提出希望员工关心家庭，等等。他把自身的经验写给员工，不是以高高在上的口气与员工对话，而是以一个普通人的口吻。

　　有些美国企业家创业后就不再干活了，加尔文家族也可以这样，但他们热爱这个企业，他们希望作为全球性领导人去很好地推动工作。为了推动"肯定个人尊严"的活动，他们每季度都要问员工6个问题：

　　你觉得自己的工作有没有意义？你的工作是否让客户满意？

　　你在工作中是否了解成功的因素，包括自己的定位等？

　　有没有得到培训？

　　你有没有职业发展目标？

　　上级或下级对你是否有反馈？你从中有没有收获？

　　工作环境中是否有其他的因素阻碍你的上升发展，如男女平等、宗教信仰等？

　　这6个问题可以体现出摩托罗拉内部务实的沟通，而且这种沟通会让人感到公司为员工做了很多，作为一个员工应该去回报，而不是说来打工，应该说这是生活的一部分。

## 管理的哲理

　　企业管理者应该根据企业发展的需求有目的地健全组织的沟通渠道。它对组织沟通效率的提高具有重要的决定意义。作为一个企业的管理者，要充分考虑组织的行业特点和人员心理结构，结合正式沟通渠道和非正式沟通渠道的优缺点，设计一套包含正式沟通和非正式沟通的沟通通道，以使组织内各种需求的沟通都能够准确及时而有效地实现。

　　对于一个公司内部而言，通畅的信息流动渠道是促进沟通的积极因素之一。在获取信息的有效方式上有多种选择，工作报告、项目总结、团队活动、专门的布告栏都能促进信息流通。信息从一个人传递到另一个人，从一个部门传递到另一个部门，其主旨是为了要求每个人强调投入一定的时间和精力，以保证知道彼此在进行的工作。在信息传递过程中，要特别注意向相关边缘的工作人员的信息传达，通过彼此的解释，达到真正的理解。

# 55　管理者的大门要向所有人敞开

玫琳凯的"开门原则"

## ✎　管理故事

玫琳凯化妆品的创始人玫琳凯女士说："企业就是要通过人与人之间的沟通达成友爱与和谐。"这就是她成功的秘诀！她对言语沟通和人际关系的重视都来源于她的工作经验。

玫琳凯女士办公室的门总是敞开的，从来不曾关闭。很多人不理解。

有一次，一位客户实在很好奇，就问她："别的公司总经理的门总是关闭的，为什么只有你的门是永远敞开的呢？"

玫琳凯女士嘴角扬起了微笑，她说："我的门是永远向我的员工和客户敞开的，我随时欢迎我的员工来给我提意见，随时和他们保持沟通，我的门不是办公室的一堵墙，它不会使我们隔开，我们是一体的。"

这就是玫琳凯公司独具特色的沟通技巧，即"开门原则"。这个原则强调的是公司内部上级与下级之间、同事之间的沟通，大家彼此都不会设防，而是真诚地进行交流。可以想象，开着门人们会随时跑进来，打断你的工作。但是玫琳凯认为，重要的是人们知道可以来找她讨论任何重大的问题。她愿意公司的每一个员工，无论是小姑娘还是老头都可以按照自己的意愿随时来看望她，向她诉说他们的抱负和梦想，诉说对公司的抱怨，更好地促进彼此的交流和沟通。

## 🔲 管理的哲理

　　管理者不能每天摆出一副高高在上、气势逼人的样子，很多时候需要低下头来、敞开胸怀去听听员工的心声。人与人之间的桥梁是沟通。企业决策广泛征求员工的意见，参与的员工越多，支持的员工越多。"一言堂"排斥参与，只有争议、争辩、"斗智"，才能增强员工的主人翁意识，才能集思广益，才是真正的沟通。沟通是从心灵上挖掘员工的内驱力，为其提供施展才华的舞台。它缩短了员工与管理者间的距离，使员工充分发挥能动性，使企业发展获得强大的原动力。

　　畅通无阻的上下沟通，可以起到振奋员工士气、提高工作效率的作用。随着社会的发展，人们开始了由"经济人"向"社会人""文化人"的角色转换。人们不再是一味追求高薪、高福利等物质待遇，而是要求能积极参与企业的创造性实践，满足自我实现的需求。良好的沟通，使职工能自由地和其他人，尤其是管理人员谈论自己的看法和主张，使他们的参与感得到满足，从而激发他们工作的积极性和创造性。

# 56    没有平等就没有真正的沟通

加利福尼亚州立大学的沟通实验

## 📝 管理故事

美国加利福尼亚州立大学对企业内部沟通进行研究，他们发现，来自领导层的信息只有20%~25%被下级知道并正确理解，从下到上反馈的信息则不超过10%，而平等交流的效率则可达到90%以上。

进一步的研究发现，平等交流的效率之所以如此之高，是因为平等交流是一种以平等为基础的交流。为试验平等交流在企业内部实施的可行性，他们试着在整个企业内部建立一种平等沟通的机制。结果发现，与建立这种机制前相比，在企业内建立平等的沟通渠道，可以大大增加管理者与下属之间的协调沟通能力，使他们在价值观、道德观、经营哲学等方面很快地达成一致。可以使上下级之间、各个部门之间的信息形成较为对称的流动，业务流、信息流、制度流也更为通畅，信息在执行过程中发生变形的情况也会大大减少。

这样，他们得出了一个结论：平等交流是企业有效沟通的保证。

## 🗄 管理的哲理

要提高沟通效率，管理者就必须充分认识沟通的平等性。平等的沟通，并不是平等地位的沟通，而是发自内心的情感交流。有修养的领导会以平常心态对待他人，言语表现得体，真诚用心地对待每一个员工。

企业管理中的工作最多无外乎员工彼此间的交流，大约占全部工作时间的60%以上。一个企业中如果缺乏有效的交流，将会造成很大的障碍。作为领导应该掌握有效的员工交流沟通方式，做到相互尊重、平等沟通，解除与员工之间的沟通障碍及员工的冲突纠纷，以提高管理和组织成效。

# 57 管理者要有一双善于倾听的耳朵

本田宗一郎：聆听不同声音

## ✎ 管理故事

有一次，在本田技术研究所内部，人们为汽车内燃机是采用"水冷"还是"气冷"的问题发生了激烈争论。本田宗一郎是"气冷"的支持者，因为他是管理者，所以新开发出来的N360小轿车采用的都是"气冷"式内燃机。

争论的起因是由在法国举行的一级方程式冠军赛引发的。一名车手驾驶本田汽车公司的"气冷"式赛车参加比赛。在跑到第三圈时，由于速度过快导致赛车失去控制，赛车撞到围墙上。接着，油箱爆炸，车手被烧死在里面。此事引起巨大反响，也使得本田"气冷"式N360汽车的销量大减。因此，本田技术研究所的技术人员要求研究"水冷"内燃机，但被本田宗一郎拒绝。一气之下，几名主要的技术人员决定辞职。本田公司的副社长藤泽感到了事情的严重性，就打电话给本田宗一郎："您觉得您在公司是当社长重要呢，还是当一名技术人员重要呢？"

本田宗一郎在惊讶之余回答道："当然是当社长重要啦！"藤泽毫不留情地说："那您就同意他们去搞水冷引擎研究吧！"

本田宗一郎这才省悟过来，毫不犹豫地说："好吧！"

于是，几个主要技术人员开始进行研究，不久便开发出了水冷引擎。

后来，本田公司步入了良性发展的轨道。有一天，公司的一名中层管理人员西田与本田宗一郎交谈时说："我认为我们公司内部的中层领导都已经成长起来了，您是否考虑一下该培养接班人了呢？"

西田的话很含蓄，但却表明了要本田宗一郎辞职的意愿。本田宗一郎一听，连连称是："您说得对。您要是不提醒我，我倒忘了，我确实是该退下来了，不如今天就辞职吧！"由于涉及移交手续方面的诸多问题，几个月后，本田宗一郎把董事长的位子让给了河岛喜好。

对于下属所提出的相反的意见，甚至让其辞职，本田宗一郎都很爽快地接受了。这样一位虚心听取下属意见的领导，怎么会不让下属们敬佩呢？无怪乎，本田公司至今仍屹立不倒，本田宗一郎在日本甚至整个世界的汽车制造业里，享有如此高的声誉。

## 📚 管理的哲理

美国女企业家玛丽·凯曾经说过："不善于倾听不同的声音，是管理者最大的疏忽。"在企业中，管理者必须树立"每一个人都是大人物"的意识，广开言路、虚心纳谏，重视来自员工的真实声音，悉心听取他们的建议、意见和声音。倘若能如此，员工会乐于将自己的建设性意见传达给企业的管理者，而企业会因此走向更趋完美更高效的道路。

丘吉尔有句良言："站起来发言需要的是勇气，坐下来倾听需要的也是勇气。"对管理者而言，沟通的重点不是说，而是倾听。拥有一双善于倾听的耳朵，往往比拥有一张三寸不烂之舌更能感染员工、凝聚人心。

# 58　穿对方的鞋，才知痛在哪里

谁能明白前苏联人哭的原因

## ✎ 管理故事

在前苏联购买任何东西都必须排队的年代里，有一个人，为了招待来访的外国友人，正兴致勃勃地卖力打扫自己的房子。正当他很认真地在扫地的时候，一个不小心，"啪"的一声，竟然将唯一的一柄扫把给弄断了。前苏联人愣了一秒钟，马上反应过来，顿时跌坐在地上，号啕大哭起来。

他的几个外国朋友这时正好赶到，见到前苏联人望着断掉的扫把痛哭不已，便纷纷上前来安慰他。

经济强盛的日本人道："唉，一柄扫把又值不了多少钱，再去买一把不就行了！何必哭得如此伤心呢？"

知法守法的美国人道："我建议你到法院去，控告制造这柄劣质扫把的厂商，请求赔偿，反正官司打输了，也不用你付钱啊！"

浪漫成性的法国人道："你能够将这柄扫把给弄断，像你这么强的臂力，我连羡慕都还来不及呢，你又有什么好哭的啊？"

实事求是的德国人道："不用担心，大家一起来研究看看，一定有什么东西可以将扫把黏合得像新的一样好用，我们一定可以找到方法的！"

最后，可怜的前苏联人哭着道："你们所说的这些都不是我哭的原因。真正的原因是，我明天非得要去排队才可以买到一柄新的扫把，不能搭你们的便车一起出去玩了……"

## 🏛 管理的哲理

人与人之间的同理心，一向是人际沟通当中最重要，也是最容易被忽略的关键。从这里我们可以清楚地看到，缺乏同理心的人际互动，将会产生多么荒谬可笑的后果。每个人都有着自己既定的立场，也因此而习惯于执着在本身的领域当中，忘却了别人也和自己一样，有着他固执的一面。

所以，在做任何决定之前，试着先将自己的想法放下，真正设身处地站在对方的立场，仔细地为别人想一想，你将会发现，许多事情的沟通竟会变得出乎想象的容易。或许你会说，这样的道理早在八百年前就知道了，不就是"将心比心"吗？也没什么新鲜的。是的，许多又好又简单的成功法则，包括同理心的哲学，早就在我们的身边出现很久，只不过，我们一直未能将之真正做到最好罢了。

# 59　领导一微笑，管理就增效

一张"笑脸"挽救了公司

## ✏️ 管理故事

美国著名的企业家吉姆·丹尼尔靠着一张"笑脸"神奇般地挽救了濒临破产的公司。并且，丹尼尔还把"一张笑脸"作为公司的标志，公司的厂徽、信笺、信封上都印上了一个乐呵呵的笑脸。丹尼尔总是以"微笑"飞奔于各个车间，执行公司的命令，进行自己的管理。

结果，员工们渐渐被丹尼尔感染，公司在几乎没有增加投资的情况下，生产效益提高了80%。公司员工友爱和谐，上下同心同德，其乐融融，公司的信誉和形象大增，客户盈门，生意红火。不到5年，公司不仅还清了所有欠款，而且获利丰厚。

中国康辉旅行社副总经理郭东杰多年来也一直提倡实施"微笑管理"。郭东杰认为，不论是服务业还是其他行业，在员工的管理上并没有什么本质差别。如果企业内部人际关系像"钢铁般的冷漠"，后果将是员工之间勾心斗角，企业形象必定会大打折扣，更不要谈赢利了。管理者只有本身对事业充满信心，并在工作中保持心情舒畅，以微笑待人，企业的职工必定精神振作，任何困难都将不在话下。

## 📖 管理的哲理

从管理者角度看，企业实施微笑管理，可以表现管理者的宏大气度；出现矛盾时，微笑可以使双方恢复理智，化干戈为玉帛；微笑管理也是赞扬和鼓励员工的重要方式，当员工创造出良好业绩时，管理者的微笑代表了肯定和赞许，员工能从微笑中受到鼓舞，获得力量，并焕发出更高的工作热情。

从员工角度看，当管理者适时运用微笑管理时，一张满面春风的笑脸能够间接消除员工的紧张和对抗情绪，并保持一种轻松的心情进行工作，办起事来也会干劲十足，效率更高。

微笑可以让领导与员工之间更容易沟通，可以使企业形象更深刻地印在客户的脑海中，能够为企业带来意想不到的收获。

# 60　尖锐的批评效果等于零

善解人意的林肯总统

## ✏️ 管理故事

1863年7月1日，美国南北战争中的葛底斯堡战役拉开帷幕，到了7月4日晚上，南方的李将军大败。林肯高兴极了，他意识到只要打败李将军的军队，战争很快就可以结束了。

于是，他满怀希望地下了一道命令给前线的米德将军，要他立刻出击。但是，米德违背了林肯的命令，他用尽各种借口，拒绝攻打李将军。最后，李将军和军队越过波多马克河，顺利南逃。

林肯勃然大怒，极度失望之余，他坐下来给米德写了一封信，信中表达了他内心的极端不满。林肯有一段话是这么写的：

"亲爱的将军，我相信你对李将军逃走一事深感不幸。他就在我们伸手可及之处，而且，只要他被俘虏，加上我们最近获得的胜利，战争即可结束。现在，战争势必要延续下去，上星期一你不能顺利抓住李将军，如今他逃到波多马克河之南，你又如何能保证成功呢？期盼你会成功是不明智的，而我也并不期盼你现在会做得更好。良机一去不复返，我实在深感遗憾。"

信写完了，但林肯没有急于寄出去，他望着窗外，心里思绪万千，"慢着，也许我不该这么性急。坐在安静的白宫里发号施令很容易，如果我身在葛底斯堡，像米德一样每天看见许多人流血，听到许多伤兵哀嚎，也许就不会急着要攻打敌人了，如果我的个性像米德一样畏缩，大概也会做同样的决定吧！无论如何，现在木已成舟，把这封信寄出，除了让我一时觉得痛快以外，没有别的用处。米德会为自己辩解，会反过来攻击我，这只会使大家都不痛快，甚至损及他的前途，或逼他离开军队而已。"

于是，林肯把信搁到一边，惨痛的经验告诉他：尖锐的批评和攻击，所得的效果都等于零。相反，努力去理解对方的用意，结局会好一些。

## 🗄 管理的哲理

人的心灵就像花朵：开放时会承受柔润的露珠；闭合时会抵御狂风暴雨。被规劝的人往往用闭合来抵御我们的言语，因为他并不知道我们送的是雨露，而只知道怎样保护他的自尊心。

下属犯了错误，管理者如果不顾时间、地点、对方心理，直截了当、劈头盖脸地给对方一阵冷言恶语，不但达不到沟通的目的，反而会适得其反。下属也许有错误，但他本人并不一定能意识到这一点。作为管理者，不要去责备他，那样做太愚蠢了。应该试着去理解对方，真诚地使自己置身于对方的处境里。如果你总能对自己说："我要是处在他的情况下，会有什么感觉？会有什么反应？"这样你就会节约不少时间，免去许多苦恼。

当你要指出对方的缺点时，必须先认识到人类的脆弱及不完美，且保持着自我反省的心态和与对方一同背负过失的谦虚态度，让对方发现自己的缺点和错误。

## 【管理导航】三步提高管理沟通能力

管理者需要提高自己的沟通能力。所谓提高沟通能力，无非是两方面：一是提高理解别人的能力，二是增加别人理解自己的可能性。

提高沟通能力必须有一定的程序，这些程序依次是：

一是开列沟通情境和沟通对象清单。

管理者只需要闭上眼睛想一想，你都在哪些情境中与人沟通，比如工作单位、聚会以及日常的各种与人打交道的情境。再想一想，你都需要与哪些人沟通，比如老员工、新员工、同事、上级等。开列清单的目的是使自己清楚自己的沟通范围和对象，以便全面地提高自己的沟通能力。

二是评价自己的沟通状况。

在这一步里，管理者可以问自己如下问题：对哪些情境的沟通感到愉快？对哪些情境的沟通感到有心理压力？最愿意与谁保持沟通？最不喜欢与谁沟通？是否经常与多数人保持愉快的沟通？是否常感到自己的意思没有说清楚？客观、认真地回答上述问题，有助于了解自己在哪些情境中、与哪些人的沟通状况较为理想，在哪些情境中、与哪些人的沟通需要着力改善。

三是评价自己的沟通方式。

在这一步中，主要问自己如下三个问题：通常情况下，自己是主动与别人沟通还是被动沟通？在与别人沟通时，自己的注意力是否集中？在表达自己的意图时，信息是否充分？主动沟通者与被动沟通者的沟通状况往往有明显差异。研究表明，主动沟通者更容易与别人建立并维持广泛的人际关系，更可能在人际交往中获得成功。沟通时保持高度的注意力，有助于了解对方的心理状态，并能够较好地根据反馈来调节自己的沟通过程。在表达自己的意图时，一定要注意使自己被人充分理解。

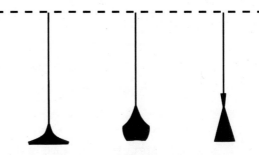

# 第七辑

## 激励管理：打造主动型正能量员工

在追求卓越的过程中，挖掘员工潜能，永远是所有工作中的重中之重。

——杰克·韦尔奇（美）

当遭受许多批评时，下级往往只记住开头的一些，其余就不听了，因为他们忙于思索论据来反驳开头的批评。

——L.W.波特（英）

感情投资是在所有投资中，花费最少、回报率最高的投资。

——藤田田（日）

# 61　没有信任，就没有管理

老船长与黑人孩子

## 管理故事

一艘货轮在烟波浩渺的大西洋上行驶，一个在船尾搞勤杂的黑人小孩不慎掉进了波涛滚滚的大西洋中。孩子大喊救命，无奈风大浪急，船上的人谁也没有听见，他眼睁睁地看着货轮越驶越远……

求生的本能使孩子在冰冷的水里拼命地游，他用全身的力气挥动着瘦小的双臂，努力使头伸出水面，睁大眼睛盯着轮船远去的方向。

船越来越远，船身越来越小，到后来，什么都看不见了，只剩下一望无际的汪洋。孩子的力气也快用完了，渐渐游不动了，他觉得自己要沉下去了。"放弃吧……"他对自己说。这时候，他想起了老船长那张慈祥的脸和友善的眼神。不，船长知道我掉进海里后，一定会来救我的！想到这里，孩子鼓足勇气用生命的最后力量又朝前游去……

船长终于发现那黑人孩子失踪了，当他断定孩子是掉进海里后，下令返航回去找。这时，有人劝道："这么长时间了，就是没有被淹死，也让鲨鱼吃了……"

船长犹豫了一下，还是决定回去找。又有人说："为一个黑奴孩子，值得吗？"船长大喝一声："住嘴！"

终于，在孩子就要沉下去的最后一刻，船长赶到了，救起了孩子。孩子苏醒过来之后，跪在地上感谢船长的救命之恩，船长扶起孩子问："孩子，你怎么能坚持这么长时间？"孩子回答："我知道您会回来救我的，一定会的！"

"怎么知道我一定会来救你？"

"因为我知道您是那样的人！"

听到这里，白发苍苍的船长扑通一声跪在黑人孩子面前，泪流满面："孩子，不是我救了你，而是你救了我啊！我为我在那一刻的犹豫而感到羞愧……"

## 🪨 管理的哲理

信任是合作的开始，也是企业管理的基石。信任能使员工感觉到自己对他人的价值和他人对自己的意义，满足个人的精神需求。信任能够激发员工的热情，让员工充分发挥自己的才干，将工作做得更到位更出色。信任能加强管理者和员工之间的合作及和谐程度，促进管理工作的顺利开展。

信任别人不一定能换来别人的信任，但是不相信别人却一定不会得到别人的信任。作为管理者，有时仅仅对部下给予信任，往往比奖金更能起到激励作用。

# 62　薪酬是企业激励员工的原动力

老人、孩子和5元钱的游戏

## 管理故事

　　有一位喜欢安静的老人独自生活了很多年，他已经习惯了这种生活，可是有一天这种生活被一群孩子的来临打破了。社区的一群孩子每天放学后都到这位老人的房子周围玩耍，他们大声地尖叫、嬉笑。老人被孩子们的吵闹声弄得寝食难安、坐卧不宁。于是，这位聪明的老人想出一个办法。他走出家门对那些孩子们说："如果你们每天都到这儿来玩，我就每人给5元钱。"那天，每个孩子真的都得到了5元钱。

　　在这以后，越来越多的孩子聚集到老人的房子周围玩耍。可是有一天老人没有出来，自然所有的孩子都没有得到钱，第二天老人还是没有出来，心急的孩子们终于敲开了老人的家门，对老人说："既然你不再给我们钱，我们以后再也不到你这儿来玩了，并且告诉我们的朋友都不到你这儿来玩了。"老人和孩子们都"胜利"地笑了。

　　金钱能够满足人们的需求，5元钱可以让孩子们买到自己喜欢的东西。为了满足自己得到那些东西的渴望，孩子们就不断地重复老人要求的行为。而当有一天没有得到钱，自己的需求没法得到满足时，他们自然就认为应该中断那些行为。在孩子单纯的心灵里，金钱是行为的一种驱动，这恰恰证实了薪酬的内涵——薪酬最原始的形式就是金钱，薪酬是企业激励员工的原动力。

## 🏛 管理的哲理

薪酬能提供一种保障，能够给员工一种宽慰，这就好比农民有一片好土地，在风调雨顺的时候，可以保证他能有一个好的收成。尽管薪酬不是最好的工具，但往往是最有效的激励员工和留住人才的工具。

优秀的管理者会考虑给他的下属以较高的工资，因为高薪是招聘优秀人才永不褪色的绝招。一般来说，只要满足下属的物质需求，支付较高的工资，只要工作不是特别的辛苦，下属是很乐意努力的。高工资对于员工而言有着较大的吸引力（当然，我们并不否认有的企业工资并不高，但员工却仍然勤勉工作）。

管理者还应明白这样一个道理：真正的天才应该是无价的，即使是花费万金也应在所不惜。

# 63　以情驭人，管理攻心为上

刘备怒掷阿斗"燃烧"赵云

## 管理故事

刘备是激励人心的鼻祖。据《三国演义》中记载，当阳长坂坡之战是曹操、刘备两军的一次遭遇战，骁将赵云担当保护刘备家小的重任。由于曹军来势凶猛，刘备虽冲出包围，家小却陷入曹军围困之中。赵云拼死刺杀，七进七出终于寻到刘备之子阿斗。

赵云冲破曹军围堵，追上刘备，呈交其子。刘备接子，掷之于地，愠而骂之：为此孺子，几损我一员大将！赵云抱起阿斗连连泣拜：云虽肝脑涂地，不能报也。

古人有云：动人心者莫过于情。情动之后心动，心动之后理顺。刘备成功地用自己的情感之火"燃烧"了赵云。这把火点在赵云的心里，再也没有熄灭过。

## 管理的哲理

刘备摔阿斗，其实是刘备御人术的一次表演，其精彩之处是：既收买了赵云誓死随主之心，又教育和感化了当时在场的所有文武随从，起到一箭双雕的作用。

现代市场竞争亦如古之兵战。现代管理者必须懂得人是世界上最富感情的群体，"情感投资"是管理者调动人的积极性的一项重要的手段。管理心理学研究表明：一个人生活在温馨友爱的集体环境里，由于相互之间尊重、理解和容忍，使人产生愉悦、兴奋和上进的心情，工作热情和效率就会大大提高；相反，一个人生活在冷漠、争斗和尔虞我诈的气氛中，情绪就会低落、郁闷，工作热情就会大打折扣。管理工作者在实施"情感投资"时，必须抓住一个"心"字，与下属员工互相交心、互相关心、以心换心，从而达到心心相印、同心同德、共同一心干事业。

# 64　挑起员工之间的"争斗"

布告栏数字与炼钢大赛

## ✎ 管理故事

查尔斯·施瓦斯是美国著名的企业家，他管辖下的某个子公司的职工总是完不成定额。该公司经理几乎用尽了一切办法——劝说、训斥，甚至以解雇相威胁。但无论采用什么方法，都无济于事。也就是说，这些工人还是完不成定额。有鉴于此，施瓦斯决定亲自到该公司处理这件事。

施瓦斯在公司经理的陪同下到公司巡视。这时，正好是白班工人要下班、夜班工人要接班的时候。

施瓦斯问一位工人："你们今天炼了几炉钢？"

"5炉。"工人回答说。

施瓦斯听了工人的回答后，一句话也没说，拿起笔在公司的布告栏上写了一个"5"字，然后就离开了。

待夜班工人上班时，看到布告栏上的"5"字，感到很奇怪，不知道是什么意思，就去问门卫。门卫将施瓦斯来公司视察并写下"5"字的经过详细地讲述了一遍。

次日早晨，当白班工人看到布告栏上的"6"字后，心里很不服气：夜班工人并不比我们强，明明知道我们炼了5炉钢，还故意比我们多炼1炉，这不是明摆着给我们难堪，让我们下不了台吗？于是，大家劲儿往一处使，到晚上交班时，白班工人在布告栏上写下了"8"字。

智慧过人的施瓦斯用他无言的"挑拨"，激起了公司员工之间的竞争，最高的日产量竟然达到了16炉，是过去日产量的3.2倍。结果这个平日落后的公司的产品产量很快超过了其他公司。

施瓦斯利用人们"好斗"的本性，成功地激起了公司员工之间的竞争，不仅巧妙地解决了该厂完不成定额的难题，还使工人们进入自动自发的工作状态。

## 🏛 管理的哲理

不服输的竞争心理人人都有，强弱则因人而异。即使一个人的竞争心很弱，但他的心中也总会潜伏着一份竞争意识。因为每个人都希望出人头地，其潜在心理都希望站在比别人更优越的地位上。从心理学上来说，这种潜在心理就是自我优越的欲望。有了这种欲望之后，人类才会积极成长，努力向前。当这种自我优越的欲望出现了特定的竞争对象时，其超越意识就会更加鲜明。

明白了这一点，企业管理者只要利用员工的这种心理，并为其设立一个竞争的对象，让其知道竞争对象的存在，就能够轻易地激发其工作热情，从而让其主动展开竞争，工作效率自然就会提高。

# 65　员工和企业成长离不开"鲶鱼"

鲶鱼效应——为企业灌输新鲜血液

## ✏ 管理故事

挪威人的渔船返回港湾，鱼贩子们都挤上来买鱼。可是渔民们捕来的沙丁鱼已经死了，只能低价处理。渔民们哀叹起来："上帝，我们太不幸了。"只有汉斯捕来的沙丁鱼还是活蹦乱跳的。商人们纷纷涌向汉斯："我出高价，卖给我吧！"

商人问："你用什么办法使沙丁鱼活下来呢？"

汉斯说："你们去看看我的鱼槽吧！"

原来，汉斯的鱼槽里有一条活泼的鲶鱼到处乱窜，使沙丁鱼们紧张起来，加速游动，因而它们存活了下来。

这就是管理学界有名的"鲶鱼效应"，用来比喻在企业中通过引进外来优秀人才，增加内部人才竞争程度，从而促进企业内部的良性发展。

一位公司老板受此启发，请来一条"鲶鱼"，让他担任部门的新主管。公司上下的"沙丁鱼"们立刻产生了紧张感。"你看新主管的工作效率多高呀！""我们也加紧干吧，不然就被炒鱿鱼了。"这就产生了"鲶鱼效应"，整个公司的工作效率不断提高，利润自然是翻着筋斗上升。

## 📚 管理的哲理

鲶鱼效应对于"渔夫"来说，在于激励手段的应用。渔夫采用鲶鱼来作为激励手段，促使沙丁鱼不断游动，以保证沙丁鱼活着，以此来获得最大利益。

用人也是同样的道理。一个公司如果人员长期稳定，就会缺乏新鲜感和活力，产生惰性。在企业管理中，管理者要实现管理的目标，同样需要引入鲶鱼型人才，以此来改变企业恍如一潭死水的状况。

# 66　适当的外部竞争是催化剂

"鲶鱼"——本田公司的大功臣

## 📝 管理故事

日本是一个推崇终生聘用制的国家，大多数人喜欢从进入一家公司开始一直待到退休。相应地，用人单位也大都倾向于招聘第一次就业者，很少采用中途聘用的方式。但是，本田公司每年都保持很大的中途聘用比例，在日本的企业中显得非常"另类"。

这项措施来源于日本本田技研工业株式会社的创始人本田宗一郎对公司内部员工的一次考察。他在对内部员工进行考察之后发现，公司的人员基本上由三种类型组成：一是约占20%的不可缺少的干将之才；二是占了约六成的以公司为家的勤劳人才；三是终日东游西荡，拖企业后腿的蠢材，这种人约占20%。那么，如何使前两种人增多，使第三种人减少呢？

如果对第三种类型的人员实行完全的淘汰，需要面对来自工会组织等方面的压力，同时也会让企业的形象受损，显然不是好办法。有什么更好的办法让自己的公司充满活力呢？这是本田宗一郎当年碰上的一个棘手问题，而据说，解决的灵感，最后来自于前文讲的鲶鱼的故事。

受此启发，本田宗一郎立即开始对公司进行人事方面的改革，不是要淘汰第三种类型的人，而是着手从外部引进"鲶鱼"，以激活那些缺乏活力的"沙丁鱼型"员工。

改革首先从气氛沉闷的销售部门着手，本田从其他公司挖来了一个年轻的销售部副经理担任本田的销售部经理。此人出任销售部经理后，员工的工作热情被极大地调动起来，活力大为增强，公司的销售业绩也是接连上升。更重要的是，在销售部的带动下，公司其他部门的员工也受到冲击，热情和活力被激发出来，整个公司的精神面貌为之一新。

从此，本田公司每年重点从外部"中途聘用"一些精干的、思维敏捷的、30岁左右的生力军，有时甚至聘请常务董事一级的"大鲶鱼"。这样一来，公司上下的"沙丁鱼"都有了触电式的感觉，业绩蒸蒸日上。

## 🏛 管理的哲理

适当的外部竞争犹如催化剂，可以最大限度地激发人们体内的潜能。因此企业要有计划地引进外部人才，以激发内部员工的潜能和热情，使整个团队始终保持活力，创造更高的业绩。

# 67　优胜劣汰，让员工跑起来

老鹰家族的残酷进化论

## ✎ 管理故事

老鹰是所有鸟类中最强壮的种族，根据动物学家所做的研究，这可能与老鹰的喂食习惯有关。

老鹰一次生下四五只小鹰，由于它们的巢穴很高，所以猎捕回来的食物一次只能喂食一只小鹰，而老鹰的喂食方式并不是依平等的原则，而是哪一只小鹰抢得凶就喂给哪一只小鹰，在此情况下，瘦弱的小鹰吃不到食物都死了，最凶狠的存活下来，代代相传，老鹰一族越来越强壮。

这是一个适者生存的故事，它告诉我们，"公平"不能成为组织中的公认原则，组织若无适当的淘汰制度，常会因小仁小义而耽误了进化，在竞争的环境中将会遭到自然淘汰。

## ⬛ 管理的哲理

所谓生于忧患，死于安乐。作为员工，如果他们没有面临竞争的压力，没有生存压力，他们就容易产生惰性，不思进取，这样的员工没有前途，这样的公司也会没有前途。

管理者必须从上任那天起，让所有的员工知道，只有竞争才能生存，同时给他们施加竞争压力，让他们深刻体会到适者生存、优胜劣汰的原理。

火石轮胎及橡胶公司的创始人哈维·怀尔史东说："我发现，光用薪水是留不住好员工的。我认为，是工作本身的竞争……"如果想让你的员工活跃起来，改变那种拖拖拉拉的办事效率，就应该精兵简政，大刀阔斧地削减你的员工，在竞争中淘汰那些低效率的员工。这种削减会使在职的员工感到就业的压力，增强他们的危机意识，你要让他们明白：天底下没有金饭碗、铁饭碗，每个员工随时都有被炒掉的危险。你要设法使每一个员工都兢兢业业地去工作。要使你的员工超额完成工作，你就必须激起他们的竞争欲望和超越他人的欲望，这是条永恒的真理。

竞争可以使一家半死不活的企业起死回生。竞争是企业生命的活力，没有竞争，企业就无法立足于现代社会。当然，能否将竞争机制引入你的企业之中，就看你是否是一位合格的上司。领导的艺术就在于发挥你的智慧、开动你的脑筋，努力使你的员工发挥出最大的能力。

# §68　让员工看到"飞出的木片"

"我要看到木片飞出来"

 **管理故事**

有位心理学家曾经做了这么一个实验，为证实成果对人的激励作用，雇了一名伐木工人，要他用斧头背来砍一根圆木，心理学家告诉伐木工人，干活的时间照旧，但报酬加倍，他唯一的任务就是用斧头背砍圆木。干了半天之后，伐木工人不干了。"我要看到木片飞出来。"伐木工人说。

其实，谁不希望看到"飞出的木片"呢？"飞出的木片"即下属工作的成果，是每位下属证实自我价值的直接体现，亦可理解为每项工作的外在有效价值，是劳动的最直接的成果。

乔的秘书每月要做一份相当复杂的报告。多年来，每当秘书将该报告送给他时，乔总是只看了一眼便说："放在那儿吧。"然后就让秘书出去了。结果，秘书所写的报告质量忽高忽低，让乔十分苦恼。一次，秘书又送来一份月报告，这份月报告写得十分完美。在秘书的面前，乔很仔细地阅读了一遍，然后极力称赞这份报告格式的工整以及内容的完整，并对秘书说："真希望以后的月报告都能这么完美。"听了这句提示性的话，秘书的反应让乔非常惊讶。她兴奋地说："谢谢你告诉我这些。"接下来的时间里，秘书都以此为底线制订月报告。乔满意极了。

## 🪙 管理的哲理

　　有的管理者认为，员工对工作如何看无关紧要，工作本身才是最重要的。管理者们也曾经天真地认为，让员工去完成任务是一个简单的过程。他们认为，只要给员工指出他该做什么，并施以强制、晋升等手段就可让他们顺利地完成既定的目标。然而，实践表明激励并非如此简单。管理者的工作不仅仅是让员工完成任务，而是要在符合员工意愿的情况下完成任务。符合意愿，就意味着让员工看到自己的工作成果而明白工作的意义。

　　所以当员工执行一项任务时，作为管理者，一定要确保让员工看到"飞出的木片"，永远不要让员工自己去猜想干得如何。记住，他们需要你对他的工作做出肯定！他们可能不会像伐木工人那样主动要求得到它。但是，身为管理者，你有责任告诉他们。

 **69　管理者要懂得为员工鼓掌**

善于激励的保罗·莫任

### ✎ 管理故事

　　保罗·莫任在他的管理职业生涯中曾经一度认为应该就是这样的。他解释说："过去，我常常忽略了对我团队成员的成就（以及我自己的成就）予以表扬，因为我个人对于这方面从来没有重视过，因此，我就往往忘记了对别人的成就给予表扬。相反，我认为他们所取得的成就只不过是他们规定工作中的一部分，而规定的工作是不需要特别认可的。"

　　但是，当莫任到太平洋贝尔公司工作之后，他对给予他人认可及对成功给予表扬的重要性有了新的认识。他发现，事实上，这对于其他人来讲是蛮重要的，因此，他决定改变自己的领导习惯。为了提醒自己公开认可的重要性，他编制了一张认可他人的优先性列表。每当他的团队取得一个关键的成就的时候，他都会亲自走到项目组的每个人面前，和对方握手。他会挑选出几个重要的团队成员，带他们出去吃午饭，他会亲自打电话给每一个团队成员，感谢他们在项目中付出的努力。他会邀请大家共同参加一个小型的办公室聚会，一起享用蛋糕和咖啡。

　　在开始采用这些富有激励性的领导方法之后，很快地，莫任就看到生产率上升了，缺勤率降低了，同事之间正在形成更轻松的人际纽带。而且，由于和他一起工作的其他人开始有更大的主动性，他自己的工作变得简单了。更加合作的工作氛围带来了更好的沟通，员工之间的冲突减少了。

## 🛢 管理的哲理

英国女演员和诗人乔吉特·勒布朗说："人类所有的仁慈、善良、魅力和尽善尽美只属于那些懂得鉴赏它们的人。"任何一个人都希望得到别人的肯定，尤其是上级的认可。但是，现实工作中有很多员工竭尽全力地把工作做得很出色，却从未得到过哪怕是一声"谢谢"，绝大多数的管理者想当然地认为将事情做得出色是应该完成的工作的一个组成部分。

美国著名的企业管理顾问史密斯指出，每名员工再不显眼的好表现，若能得到领导的认可，都能对他产生激励的作用。身为管理者，要懂得为员工鼓掌，鼓励和奖赏是非常重要的，它能使你的员工感悟到工作的意义，获得尊重感的满足。管理者的鼓励并不要求太多，可以是一句肯定的话、一句真诚的赞美，也可以是一个善意的微笑、一束期待的目光，只要是真正地发自管理者的内心，员工一定会干劲十足。

# 70　表扬员工每一个微小的进步

总经理的激励法宝

## ✎ 管理故事

担任企业资源开发公司总经理的麦克斯·卡雷，在1981年创立以亚特兰大为中心的销售和市场服务公司时，就曾经历过步履维艰的困窘。当时，他的手下只有一个临时雇员。按他的话说："大的成功离我们太遥远。我们几乎感受不到任何激励。"他做出了一个决定：每次获得一个小成功都要自己庆贺一番。

卡雷出去买了一个警报器，还配了扩音器。如果他在电话中宣传自己的产品时能绕过培训部主管，直接与那家公司的总经理通话，就要鸣笛庆贺一次；如果收到一大笔订货，警笛也会鸣响。如今，他的公司已拥有100多万美元的资产和11名雇员。每个星期，警笛声要在公司内回荡10余次。每当知道有好消息时，大家都要出来听他们的同事对刚刚取得的成功吹嘘一番，这也为大家提供了互相交流的机会。卡雷说："我们的雇员经验还不够丰富，无法取得巨大的成功，所以这种庆贺也是一种很大的鼓励。"正是对这些小进步及时的表扬鼓励，使卡雷的公司取得了惊人的成绩。

## 📖 管理的哲理

事业之初，下属往往会感到艰难和孤独，在失意之时听不到一句鼓励的话语，成功时也没人向他们祝贺。在这个时候，如果得到即使是片言只字的表扬或鼓励，那也是令人兴奋不已的，也能使其更加坚定信心，努力把事情做好。

有些人以为，只有大的成功才值得表扬，小成绩无足轻重。其实这种理解是片面的，并没有考虑人的内心需求，特别是人在最初工作时的孤独与艰难。

当一个人初次走上一个工作岗位时，他会对这里的环境很陌生，如果在做出一点小成绩时就得到了领导的表扬，那么他的信心一下就树立起来了。

请记住：要表扬员工的每一个进步，不管这进步有多么微小。

# 【管理导航】激发员工主动自发地工作

管理者在管理过程中需要多花费些时间，尽量针对每个员工个体实施奖惩措施，把对个体的奖惩和团体的奖惩结合起来，以便为公司创造更多的利益。

具体来说，管理者可以采取以下几项措施，来调动团队中每一个成员的工作动力：

（1）激发部下的工作士气。

利用奖赏、以身作则来激励部下，让他们产生工作的激情。

（2）授与工作，设定目标的方式恰当。

如果简单地对员工说：你们必须在三天内做成某件事！员工会感到茫然。如果把工作的界限明确地划定出来，比如说：五个人三天完成多少数量的工作即可。这样目标明确，大家都感到任务能够完成，心里就只想快快把它完成。

（3）编制得当，适才适所。

设置几个层次的管理体系，不同的人有不同的工作，每人负担的责任有大小，奖惩也有差别，大家就会尽力把工作做好。

（4）工作指导明确而有规则。

每个员工都知道自己的任务是什么，并且有人监督他们的行为，大家无法偷懒怠工、偷工减料，工作自然就完成得又快又好。

（5）以高额奖金诱发部下的干劲。

运用各种打动人心的办法，使人人都奋发工作，不敢懈怠，这样，工作自然可以高效完成。

管理者应该深入观察员工心理和工作中的各种问题，把握住工作分配的关键点，要明确每个人应该做什么，不应该做什么，有些工作是必须合作才能完成的，但在合作中也要有明晰的分工。

任何一个任务的背后都隐藏着与员工休戚相关的利益，员工们由于处于被动地位，有时候不能想到这些利害关系，管理者就必须冷静地为他们分析利弊，让他们意识到做好工作的必要性，从而自觉地努力工作，确保任务的完成。

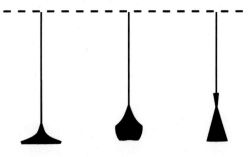

# 第八辑

## 团队管理：把人人带成干将

我的成功百分之十是靠我个人旺盛无比的进取心，而百分之九十，全仗着我拥有的那支强有力的队伍。

——杰克·韦尔奇（美）

我之所以能有今天的成就，单靠自己的力量是办不到的，没有公司其他成员的共同努力，我不会取得今天的成就。

——李嘉诚

企业是什么？说到底就是人。管理是什么？说到底就是借力。你能把许多人的力量集中起来，这个企业就成功了。如果全体员工愿意把力量借给我，一起完成同一个目标，这就是成功的管理。

——张瑞敏

# 71　让集体的智慧闪耀光芒

松下幸之助：企业靠大家

## ✏️ 管理故事

松下幸之助经常对下属说："我做不到，但我相信你们能做到。"这种领导方式，就是向下属求助，请求下属提供智慧，也就是利用员工的智慧。

他还曾经说过一个著名的观点：

当他的员工有一百人时，他要站在员工的最前面，以命令的口气指挥下属工作；

当他的员工增加到一千人时，他必须站在员工的中间，诚恳地请求员工鼎力相助；

当他的员工达到一万人时，他只要站在员工的后面，心存感激就可以了；

而当他的员工达到五万人或十万人时，除了心存感激还不够，必须双手合十，以拜佛的虔诚之心来领导他们。

松下幸之助的这段话，充分表达了"企业靠大家"的精髓。

## 🗂️ 管理的哲理

每位成功的管理者几乎都拥有一支高效的管理队伍。在某种程度上，可以说是杰出的队伍造就了杰出的领导；反过来，也可以说杰出的领导造就了杰出的队伍。

构成现代队伍的成员，一般都是来自五湖四海，拥有不同的专业背景、不同的人生经历。大家会有不同的意见、不同的思路、不同的习惯、不同的风格、不同的观念、不同的能力、不同的特长、不同的优势、不同的工作方法等，五花八门，丰富多彩。不过，队伍成员个性不同、爱好不同、能力不同、观点不同，这正是健康组织所应该具备的特质。只有这样，一个队伍才能够完成复杂的任务，才能够高效地实现既定目标。管理者的任务就在于激发大家的热情，依靠众人的力量和智慧，共同实现经营的目标。

# 72　没有永远的管理者，也没有永远的员工

马云：与员工风雨同舟

## 管理故事

阿里巴巴总裁马云多年来一直与他的团队携手并进。马云在创业时常对员工说：电子商务的前景非常乐观，但是未来电子商务的发展不仅仅是客户数量、服务质量，更重要的是技术。所有阿里巴巴的员工都应该和他有同样伟大的梦想，只有同舟共济才是取胜的关键。

阿里巴巴发展神速曾经让马云的团队欢跃不已，但未来无法预料，如果有一天一个巨大的危机袭来怎么办？对此，马云很有远见地向员工呼吁："未来两年不管发生什么事情，希望大家都能留下来。我们还很年轻，时间不等人，我们必须边跑，边干，边调整。将来公司会保持10%的员工淘汰率，但只要不是罪不可恕，我都欢迎你们回来！"这番话不回避困难，而是直接告诉员工，让员工参与进来，一起解决。马云的目标只有一个，那就是让全体员工团结得像一个人，一起向同一个目标奋勇前进。马云成功地点燃了团队全体成员的士气和激情，吹响了奋进的号角。

诚如马云所说："创办一个伟大的公司，靠的不是领导者而是每一个员工。我不承诺你们一定能发财、升官，我只能说——你们将在这个公司遭受很多磨难，但经历这一切以后，你就会知道什么是成长，以及怎样才可以打造伟大、坚强、勇敢的公司。"

很多知名公司都有打破团结走向分家的先例，比如蒙牛与伊利。不过马云的阿里巴巴，在运营上从来没有出现过不和谐因素，

这与他的个人魅力不无关系。

在遭遇危机时，马云总是能站在第一线与员工共同捍卫公司的生死。这种风雨同行、同舟共济的精神让每一个员工感动和振奋。正因为这样，阿里巴巴在市场的汪洋大海中，如一艘乘风破浪的"航空母舰"，一直勇往直前。

## 管理的哲理

风雨同舟是精神上的面包，就如同古代打仗时的战旗一样，旗在人在，旗倒人散。领导之于公司、企业也是如此，它是一个团队的精神支柱，更是在激烈竞争中，永远立于不败之地的核心力量。

假如一个公司在危难之际，作为管理者，不能够在第一时间里与员工站在同一战线上，激励将士，鼓舞三军，那么势必会使员工军心涣散，消极怠工。因为如果领导都不关心，那么员工就会产生"皇帝不急太监急"的消极心理，影响斗志。所以在一些特殊时期，作为管理者，一定要做员工的楷模，与员工风雨同行、同舟共济。

没有永远的管理者，也没有永远的员工，管理者和员工在一起，不仅是在一起工作，更要在一起分享成功与失败。在商场的打拼中，不管是管理者还是员工，只有做到同舟共济，风雨同行，才能走出绝望的荒漠。

# 73　企业就是要发展一批狼

任正非：把一群羊带成一批狼

## ✎ 管理故事

在队伍建设方面，华为公司总裁任正非一贯强调狼性文化。

华为大约有2.4万员工，其中大多数的员工都是高素质的大学毕业生。华为需要依赖一种精神把这样的一个巨大而高素质的团队团结起来，而且使企业充满活力。华为找到的就是团队合作精神。

在新大学生入职培训的时候，华为就很注重培养员工的团队精神和合作意识。任正非在《致新员工书》中是这样写到："华为的企业文化是建立在国家优良传统文化基础上的企业文化，这个企业文化黏合全体员工团结合作，走群体奋斗的道路。有了这个平台，你的聪明才智才能得到很好的发挥，并有所成就。没有责任心，不善于合作，不能与群体共同奋斗的人，等于丧失了在华为进步的机会。"

"胜则举杯相庆，败则拼死相救"的市场工作原则是华为团队合作精神的一大体现。团队精神是在华为营销团队的建设中一直重点强调的，虽然这种精神显得有些抽象，在实际中也很容易流于形式，但是华为从企业文化上形成一种保障机制来加强员工之间的合作意识。

其他企业的营销人员有一段关于华为这个对手的评价，很好地说明了华为是依靠整个团队来进行市场竞争的："他们的营销能力很难超越。人们刚开始会觉得华为人的素质比较高，但对手们换了一批素质同样很高的人，发现还是很难战胜。最后大家明白过来，与他们过招的，远不止前沿阵地上的几个冲锋队员。这些人的背后是一个强大的后援团队，他们有的负责技术方案设计，有的负责外围关系拓展，有的甚至已经打入了竞争对手内部。一旦前方需要，马上就会有人来增援。华为通过这种看似不很高明的群狼战术，将各国列强苦心圈好的领地搅得七零八落，并采用蚕食策略，从一个区域市场、一个产品入手，逐渐将它们逐出中国市场。"

## 📚 管理的哲理

狼是一种集竞争性、合作性、服从性、忠诚性为一体的智慧动物。在某一规则下它们勇于竞争，但在已确定的组织和规则下，只遵循团体协作、服从的原则，同时表现出对狼王最高限度的忠诚。华为的狼性文化不只对于华为，对于在竞争日益激烈的环境中求生存的企业同样适用。

在日益完善的市场经济环境中，作为竞争主体的企业要生存，就必须用发展的眼光，解决前进中不可回避也不应该回避的攻坚难题。企业经营如逆水行舟，不进则退。生存于丛林搏杀残酷，之所以富有进取性的"狼"会胜出，是因为"狼"的生存理念顺应了丛林竞争法则。华为的胜出，其实是狼性思维文化的胜利。

# 74　同心山成玉，协力土变金

俞敏洪：一只土鳖带领一群海龟奋斗

## 📝 管理故事

　　1995年年底，随着新东方生源越来越多，俞敏洪深深地感到自己一个人的力量实在有限，他当时认为，"要么把新东方关掉，要么就把新东方做大"。关掉新东方显然是俞敏洪不想的，但要把新东方做大，需要解决的问题很明显，就是必须找到合适的合作伙伴。

　　此时的俞敏洪想起了在海外留学的大学同学、同事。他决定走出去看看，"看看那些在巨大压力下生活的老朋友，如果他们生活得很好就取取经，如果他们生活状况一般，就忽悠他们回来一起干事业"。

　　1995年年底的这次出国，俞敏洪带回了两只"大海龟"——徐小平和王强，他们三人组成了新东方的"三驾马车"。

　　后来，除了徐小平和王强，俞敏洪还拉回另一个大学同班同学——包凡一。俞敏洪和包凡一是昔日的上下铺。当年，包凡一睡下铺，上铺空着，俞敏洪对他说想睡下铺，他二话不说就搬到上铺去，从此成为俞敏洪"睡在上铺的兄弟"。

　　俞敏洪在大学期间曾得过肺结核，因为是传染病，大家都不敢去探望他。俞敏洪的妈妈来北京看儿子的时候，是包凡一骑着自行车把俞妈妈送到俞敏洪疗养的医院。

　　正是"情谊"二字让俞敏洪不远万里飞到加拿大邀请包凡一回国，也是"情谊"二字让包凡一没有多想就辞去美国通用汽车公司审计员的工作，毅然回国。俞敏洪在邀请他回国的时候声明不给发工资，需要他自己开发赢利的课程或项目，对此他说："老俞虽然在游说徐小平、王强和我的时候都说不发工资，要我们自己找赢利的项目，但我们心里都非常清楚，他是不会让我们白干的，这里面有很多信任。"

1997年，包凡一正式加盟新东方，俞敏洪任命他为新东方的副校长。包凡一和另外一位老师成立了新东方写作中心，合作编写了《留学书信写作指南》。后来写作中心逐步发展为新东方图书事业部，出版了许多重要的英语学习参考书，也为新东方教育的发展做出了巨大贡献。

这样，著名的"三驾马车"形成之后又加入一个重量级人物——包凡一，可以说他是新东方的"第四辆马车"。这批"海龟"的加盟，是新东方发展壮大最具有标志性的事件。后来随着越来越多朋友的加盟，新东方由当初的"三驾马车"变成万马奔腾的一个大团队，有行业精英如陈向东、周成刚等，也有国际空降兵如魏萍、Louis等。他们与俞敏洪在工作上是同事关系，在生活中是朋友关系，是他们使得新东方的实力不断增强。

于是，在外界看来新东方就变成"土鳖+海龟"的组合，王强、徐小平、包凡一、胡敏、钱永强、杜子华等人均是新东方"海归派"创业元老群中的标志性人物。连俞敏洪也常常说自己是"一只土鳖带着一群海龟奋斗"。在俞敏洪和他带领的一大帮"海龟"朋友的共同努力下，新东方缔造了一个又一个的神话。

## 📚 管理的哲理

俗话说："一个好汉三个帮。"刘备带领诸葛亮、关羽、张飞，拧成一股绳，才有了三国时三分天下的局面。管理者在创业过程中，找到一些志同道合的人结伴而行，才能打破一个人单打独斗的局面。尤其是在这个竞争日趋激烈的时代，合伙创业，会让很多事情从不可能变成可能，从小打小闹发展到大规模运作。

# 75 整合团队出效益

康佳彩电的团队整合策略

## 管理故事

康佳彩电资源在康佳多媒体营销新团队成立的同时也进行了整合，呈"开放式矩阵结构"。据了解，以往康佳在彩电方面分为康佳数字平板事业部、彩电事业部和康佳多媒体营销事业部，分别负责平板的研发、CRT的研发制造和营销管理。其中，康佳多媒体营销事业部下设平板电视和彩电（CRT）两大营运中心，全国共43个销售分公司。调整之后，康佳数字平板事业部整合进康佳彩电事业部，彩电事业部也仅保留研发制造职能。

在横向上，多媒体营销事业部按照产品线设了平板、CRT和白电营运中心，负责各产品线的产品规划和定义、供应链管理和营销计划。在纵向上，强化区域和客户管理，43个分公司划分为5大区域，对大客户资源深化管理。

销售仅是多媒体营销事业部的一部分职能，这种基于前端的体系结构、产品规划、供应链管理到营销策略整个链条全部打通，对市场的响应速度将加快。康佳不仅掌握上游采购的走势，也了解终端的市场。

康佳多媒体营销新团队正式开始运营，在年中会议上，平板和CRT运营中心新负责人林洪藩和陶卫（同时兼管华中区域）正式亮相，并部署了下半年的工作计划，两人分别是原彩电营运中心总经理和原康佳华中区域营销中心总经理，五大区经理也已上任。此外，原康佳集团数字网络事业部副总经理沙刚也转战多媒体营销，担任总经理助理，分管物流和售后服务。这样的人力布局为之后的业绩改善提供了有力的保证。

## 🪨 管理的哲理

从这个案例可以得出一个一般性结论，原有的团队资源经过优化整合之后，其效益亦可以得到提高。作为一个企业，获取利润是其目标，要使效益最优，利润最大化，整合原有团队实为不错的选择。

团队整合，其定义为协调团队内部关系，优化人员配置，使组织高效率地运转。领导在进行团队整合时，可从以下四个方面入手：

（1）慧眼识人。能够识别出员工的才干、优劣势和潜能，对其能否出色完成使命有良好的预见力。

（2）优势互补。能够根据团队任务的特点、团队能力的定位，在组建团队的过程中，依据个体的才干有意识地进行优势互补性搭配，形成团队合力。

（3）建立信任。努力在团队中建设相互合作、相互支援和共同发展的团队信任关系。

（4）团队导向。以团队整体任务的出色完成作为团队的绩效标准，鼓励利于团队整体的行为。

# 76　好领导+好员工=好团队

唐僧师徒因何能最后取得真经

## ✎ 管理故事

吴承恩的《西游记》可谓家喻户晓，故事情节跌宕起伏、韵味深远，作者渊博的学识与精湛的文笔着实令人佩服。如果我们用现代管理学的角度观察，会发现《西游记》原来还是一部古典团队建设理论教科书，其中尤以《三打白骨精》最为精彩，从团队建设的反面案例角度为我们剖析一个失败团队的种种败相，只要我们细细品味，对我们今后的团队建设将有诸多裨益。

众所周知，三打白骨精时的四人取经团队刚刚组建，尚处于团队的磨合期，师徒四人的价值观、性格、经历、心理状态截然不同，师徒之间的沟通不足，默契程度不高：悟空火眼金睛，但性急，遇事不请示领导；八戒贪色、偷懒、嘴馋，喜好溜须、奉承和邀功。悟空与八戒相互较劲内耗，沙僧的协调工作效果不明显。同时，作为领导的唐僧领导水平不高，战术上轻敌，对取经的危险认识不充分，固执己见；不善于分析问题、不善于反思、不善于听取不同意见，辨别真伪的能力有待提高；激励手段不足，方法也有问题，且有家长做派（动辄念紧箍咒），团队的管理控制系统调节失效。

此时，吴承恩笔下的取经团队简直具备了所有失败团队的特征，唐僧落入白骨精的魔爪也就顺理成章了。经历这场灾难后的取经团队能够吸取教训，亡羊补牢，尽管经历了许多的风风雨雨，但是团队的磨合逐渐演变为一种默契，最终取得真经。

## 📚 管理的哲理

　　唐僧团队最大的好处就是互补性，领导有权威、有目标，有坚定的毅力；员工有能力，但是自我约束力差，目标不够明确，有时还会开小差。但是总的来看，这个团队是个非常成功的团队，虽然历经九九八十一个磨难，但最后修成了正果。

　　最初的时候，孙悟空并不尊重唐僧，老觉得这个师傅肉眼凡胎、不识好歹，但是在历经艰险后，唐僧的执着、善良和对自己的关心也感化了孙悟空，让他死心塌地保护唐僧。作为一个团队的领导，情感管理是非常重要的，尤其在中国文化的大背景下。所以在塑造团队精神的时候，领导一定要学会进行情感投资，要多与下属交流、沟通，关心团队成员的衣食住行，营造一种家庭的氛围。

　　马云就非常欣赏唐僧团队，认为一个理想的团队就应该有这四种角色。一个坚强的团队，基本上要有四种人：德者、能者、智者、劳者。德者领导团队，能者攻克难关，智者出谋划策，劳者执行有力。

# 77　大成功靠团队，小成功靠个人

比尔·盖茨：没有团队就没有我

## ✎ 管理故事

　　比尔·盖茨2001—2007年蝉联世界首富，2008年排名世界第三，2009年又一次成为世界首富。比尔·盖茨每秒赚67.5美元，每天赚583.2万美元，一年赚21.3亿美元。美国国债约为5 620亿美元，如果让比尔·盖茨来还，他能够独自负担1/9。根据美国《福布斯》杂志的统计，比尔·盖茨是全世界最有钱的人（2008年前）。另外一个统计则称盖茨一个人的财富要比全世界最贫穷的50%人口的财富总额还要多。曾经有人计算过，比尔·盖茨拥有的财富可以买32架航天飞机，或344架波音747，拍摄268部《泰坦尼克号》，买15.6万部劳斯莱斯产的宾利大陆型豪华轿车。

　　比尔·盖茨认为他的成功不是个人的成功，而是整个团队的成功。他曾经说："团队合作是企业成功的保证，不重视团队合作的企业是无法取得成功的。"微软向世界正式推出Windows95产品时，进行了一场声势浩大的市场推广活动，它整合了营销沟通中的各个层面，包括公共关系、实践行销、广告策划和零售刺激。所有的这些活动体现了微软营销部门和所有参与这次活动的其他部门的统一协调的团队精神。

　　这场令人拍案叫绝的营销传播活动在全球持续进行，前后历时24个小时，活动费用超过两亿美元。整个营销活动从新西兰首都惠灵顿开始，首先推出第一张Windows95软件。随后，活动移至澳大利亚，一个巨大的Windows95箱柜被拖船运送到悉尼港。整个营销活动声势之浩大、影响之广泛可以说是前所未见的。这些都有赖于所有参与者的相互合作。微软在波兰做宣传时，租了一艘全封闭的潜水艇装载记者。微软用全封闭没有窗户的潜水艇做宣传，目的很明显，它暗示着："如果人类生活在没有窗户即没有Windows的世界中，生活将会怎么样？"

此外，微软公司在美国总部举办的一场Windows95嘉年华会也值得众多业内人士推崇。这场嘉年华会通过互联网向全世界现场直播。当晚，嘉年华会进行到最后时刻，比尔·盖茨和美国著名电视节目《今晚秀》的主持人杰·雷诺一起登场亮相，把这场大型的市场营销传播活动推向高潮。

这一个个别出心裁的活动，都是集众人的力量完成的。这场声势浩大的市场营销传播活动投入了大量的人力，一个团结、步骤协调一致的团队在其中所起的作用可以说是举足轻重的。

在这次大型市场推广活动中，120多家公司为微软出谋划策、制订有效策略并执行。几千人组成的团队参与了这场新产品推向世界的营销活动。组成成员中包括微软的高层管理人员、公司外部的软件销售商和当地的零售商。一个由60人组成的公司营销团队专门从事整个活动的协调工作。每一个微软产品部门则专门负责制订和执行自己的促销计划。可以说，没有微软各个部门、各个层级的员工协作，就没有Windows95成功的市场推广。

## 🪨 管理的哲理

"小成功靠个人，大成功靠团队。"一个管理者要想获得更大的成功，解决更加具有全局性、战略性的问题，必须依靠团队的力量。在现代企业的运作中，规模越来越大，员工越来越多，所面临的环境和问题也越来越复杂。建设一支有凝聚力的团队，已是现代企业生存发展的一个基本条件。

　　一个企业的成功，不仅仅是依靠管理者本人，绝大多数的成功的关键在于管理者周边的那些追随者。一个篱笆三个桩，一个好汉三个帮。只有利用放大镜原理将每个成员的核心优势聚集到一点，才能形成一股强大的力量。团队中的每一个人围绕着共同的目标发挥最大潜能，而管理者的任务主要是为员工创造积极、高效的工作环境，并帮助他们获得成功。

# 78　管理就是带领平凡的人做不平凡的事

三个臭皮匠，胜过诸葛亮

## ✎ 管理故事

有一天，诸葛亮到东吴去做客，他想掂量掂量东吴的分量，看东吴有没有能人，就为孙权设计了一尊报恩寺塔。那宝塔的建造要求非常高，光顶上的铜葫芦，就有五丈高，四千多斤重。孙权这下可难住了。后来找来冶匠，但还缺少做铜葫芦模型的人，于是便在城门上贴招贤榜。榜贴出去已经有一个月，但仍然没有人揭榜。

那城门口有三个摆摊子的皮匠，他们面目丑陋，又目不识丁，大家都叫他们臭皮匠。他们听说诸葛亮在寻东吴人开心，心里很不服气，便在一起商量。他们在一起足足花了三天三夜的工夫，终于用剪鞋样的方法，剪出个葫芦的样子。然后，用牛皮做材料，一锥子、一锥子地缝出了一个大葫芦的模型。然后，再把皮葫芦埋进砂里，再浇铜水。结果铜葫芦做出来了。诸葛亮听到这个消息，立即向孙权告辞，从此再也不敢小看东吴了。

这便是"三个臭皮匠，胜过诸葛亮"的故事，三个普通的人团结在一起，集思广益，他们的智慧结合起来，能和一个聪明的诸葛亮相匹敌。这告诉我们：几个平凡的人在一起也能创造出不平凡的业绩。

## 🖋 管理的哲理

有的领导认为自己非常聪明，能力超群，认为不需要依靠别人，自己一个人就可以把事情做得很完美。但是我们大多数人都有自己的优点，也有自己的缺点，我们擅长某一方面，也有某一方面非常薄弱。领导不是全才，需要员工的支持和协助。

领导要想成就事业，实现自己的理想，需要和其他有着共同理想的人团结合作，共同奋斗。这样可以优势互补，更容易也更可能成就更伟大的事业。即便是有超常能力的领导，即便他能干很多事情，他可以出色完成一项任务，但是如果想要成就大的事业，一个人的精力就显得势单力薄了，他不可能兼顾各个方面，所以还是需要有他人的帮助。

# 79　人在一起叫团伙，心在一起叫团队

三个和尚没水喝：人多不一定力量大

## 管理故事

山上有座小庙，庙里有个小和尚。他每天挑水、念经、敲木鱼，给观音菩萨案桌上的净水瓶添水，夜里不让老鼠来偷东西，生活过得安稳自在。

不久，来了个长和尚。他一到庙里，就把半缸水喝光了。小和尚叫他去挑水，长和尚心想一个人去挑水太吃亏了，便要小和尚和他一起去抬水，两个人只能抬一只水桶，而且水桶必须放在扁担的中央，两人才心安理得。这样总算还有水喝。

后来，又来了个胖和尚。他也想喝水，但缸里没水。小和尚和长和尚叫他自己去挑，胖和尚挑来一担水，立刻独自喝光了。

从此谁也不挑水，三个和尚就没水喝。大家各念各的经，各敲各的木鱼，观音菩萨面前的净水瓶也没人添水，花草枯萎了。

夜里老鼠出来偷东西，谁也不管。结果老鼠猖獗，打翻烛台，燃起大火。三个和尚这才一起奋力救火，大火扑灭了，他们也觉醒了。从此三个和尚齐心协力，自然也就有水喝了。

这就是"一个和尚担水喝，两个和尚抬水喝，三个和尚没水喝"的故事来历。

## 管理的哲理

"三个和尚没水喝"的故事反映了一个团队建设问题。团队是一个具有思考性、主动性和协作性的集体，它不是人力的简单相加。如果团队中人人都缺少合作精神，只为自己考虑，甚至相互拆台，那么就会出现1加1小于2的局面。

三个和尚为什么没水喝？因为三个和尚属同一种心态，同一种思想境界，都不想出力，都想依赖别人，在取水的问题上互相推诿。结果谁也不去取水，以致大家都没水喝。一个和尚时，是不得不做；两个和尚时，共同分担；三个和尚时，相互推脱责任。

从管理角度来讲，领导在分配任务时，要责任到点，明确到个人身上，并非人越多越好，因为当涉及自身利益时，每个人都会更加关注，都会为自己着想。因此，领导在管理团队过程中，应当责任明确到个人，合理分配任务，实现员工与领导之间、员工与员工之间互相监督，或者专人监督，形成良好的风气和习惯，这样才能有良好的工作环境，提高团队的整体工作效率。

## 【管理导航】团队建设的三个重点

　　现代企业的团队建设与木桶理论有着异曲同工之处：一个团队的战斗力，不仅取决于每一个成员与成员之间协作与配合的紧密度，同时，团队给成员提供的平台也至关重要！

　　领导在团队整合与建设的过程中，重点是要做好三项工作：

　　1.团队建设的重点之一——补"短板"

　　短板不单单指团队中的人，也指团队缺失的核心能力。劣势决定优势，劣势决定生死，这是市场竞争的残酷法则。这只"木桶"告诉我们，一个团队的整合与建设，一是要协助个人把"最短的一块"尽快补起来；二是要把管理中存在的"最短的木板"迅速做长补齐。一个优秀的团队管理者，必须能让团队的能力均衡发展，如果某些环节不到位，脱节了，或太弱，就会阻碍团队的发展，必须下力气及时地给予增补，因为某一环节能力的缺失就可能给团队致命的打击。而核心管理者的"短板"，甚至会导致整个团队停滞不前。

　　2.团队建设的重点之二——团队协作与配合

　　加强团队的"紧密度"。首先，在工作过程中应善于营造团队氛围，提倡、鼓励和强化每个成员的团队精神；教导成员关注团队目标，努力去完成团队目标，防止个人主义思想蔓延。其次，做好团队分工，合适的人站在合适的岗位。比如，木桶的A位置应该站一个足够胖的人，才能使木桶"密不透水"、不留缝隙，可如果我们安排了一个骨瘦如柴的人，即使他再高也不管用。第三，强化团队的向心力和控制力。充分发挥管理者的影响力，有意识地强化领导的核心作用，使团队成员自觉主动地团结在管理者周围，紧跟团队的步伐。

　　3.团队建设的重点之三——打造优秀平台

　　没有好的桶底，木桶就像"竹篮打水一场空"；没有好的平台，团队成员的才能就会被扼杀，团队的战斗力将荡然无存。

　　这就要求首先为团队成员搭建能力发挥的舞台——授权。既然是团队，不同的成员就应该具备不同的能力，发挥不同的作用，作为团队的管理者即使能力再强，也不应该大包大揽。团队管理者一旦不懂得授权，一方面自己会力不从心，另一方面团队成员会因为无用武之地而选择离去。

　　其次，建立让团队成员施展才华的支持性系统。团队是一个系统，一个团队成员如果只有能力，但缺乏应有的支持，也不一定能打胜仗。比如一个企业的销售部领命去攻打全国市场，必须要有市场部的信息支持、物流部的及时到货支持，以及高层领导指导市场、点拨思路等。

　　第三，为团队成员提供个人发展的平台。为组织成员提供学习成长的空间。也就是说，一个人在优秀的企业是吸收知识方法，而在普通的企业却是输出知识经验，这也验证了为什么优秀的团队能让平凡者成功的道理。

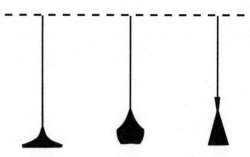

# 第九辑
## 创新管理：危机中的挑战与变革

企业长期的成功只有当我们心怀恐惧的时候才有可能！

——郭士纳（美）

不创新，就灭亡。

——亨利·福特（美）

创新是唯一的出路。

——安迪·格鲁夫（美）

这十多年来我天天思考的都是危机、失败、破产，我没有什么荣誉感、自豪感，有的只是危机感。

——任正非

# 80　万变的世界，谁动了你的奶酪

"迷宫"里的四只老鼠

## ✏ 管理故事

风靡全球的斯宾塞·约翰逊博士的著作《谁动了我的奶酪》，描绘了四个住在"迷宫"里的人物，他们竭尽所能地寻找能滋养他们身心、使他们快乐的"奶酪"。这四个小人物中，有两只是名叫嗅嗅和匆匆的老鼠；其他两位则是身体大小和老鼠差不多的小矮人，名叫唧唧和哼哼，这两个小矮人的外形与行为和现今的人类差不多。

有一天，他们同时发现了一个储量丰富的奶酪仓库，便在周围构筑起自己的幸福生活。很久之后的某天，奶酪突然不见了。这个突如其来的变化使他们的心态暴露无遗：嗅嗅、匆匆随变化而动，立刻穿上始终挂在脖子上的鞋子，开始出去寻找，并很快就找到了更新鲜更丰富的奶酪；两个小矮人哼哼和唧唧面对变化却犹豫不决，烦恼丛生，始终无法接受奶酪已经消失的残酷现实。

经过激烈的思想斗争，唧唧终于冲破了思想的束缚，穿上久置不用的跑鞋，重新进入漆黑的迷宫，并最终找到了更多更好的奶酪，而哼哼仍在对苍天的追问中郁郁寡欢……

## 📚 管理的哲理

从这个故事中我们认识到，变化是一种必然，我们要做的是在最大变化发生之前，做好相应的准备，包括行动准备和心理准备。

　　"生于忧患，死于安乐。"作为企业管理者，时刻面临着来自各方面的挑战，承受着各种各样的压力，更要保持"居安思危"的忧患意识，时刻保持灵敏的嗅觉和行动的激情，不断进行心理调节，以拥有更多的奶酪，获得最好的心境去奋斗，带领企业和员工应对一个又一个挑战，开拓更加广阔的局面。

# 81　忽视危机无异于制造危机

勇敢的鹰和胆怯的鸵鸟

## 📝 管理故事

鸵鸟和雄鹰是自然界中的两个家族，因素来不和，即使是邻居也不往来，可是，有一天，鸽子给它们捎来口信说它们的领地将有敌来犯，让它们两个家族都提前做好准备，但是，敌人是谁，鸽子并没告诉它们。

接到消息后，两个家族的成员都忙碌起来，坚固城堡、准备粮食。可是，没过几天，鸽子又给它们带来口信，说它们的敌人要和它们在森林前的沙漠地带展开决战。

接到挑战后，鹰族的成员个个摩拳擦掌，一副要与敌人决个你死我活的样子。鸵鸟家族的成员们在老冤家的面前，也不甘示弱。决战的时候到了，两个大家族列队站在同一侧等着敌人的到来，时间不长，只见迎面不知是什么生物，黑压压的一片，向它们扑来。

鹰族的成员们主动出击，直扑向敌人，而鸵鸟们却把头埋在了沙子里。不知过了多久，鹰族凯旋的时候，见鸵鸟们的头还在沙子里埋着，就有一只大鹰大声说："敌人已经被我们击退，你们还不把头抬起来。"

听了这话，鸵鸟们把头从沙子里抬了起来，纷纷说："好险啊！多亏我们把头埋了起来，否则岂不是要大祸临头！"鹰族听到这样的话就更瞧不起鸵鸟了。后来，鸵鸟又遇到了劲敌，仍然采取同样的办法，这一次可没有那么幸运了。没有了鹰族的帮助，把头埋在沙子里的鸵鸟大败而归。

"鸵鸟心态"是一种逃避现实的心理，也是一种不敢面对问题的懦弱行为。有鸵鸟心态的人，不敢面对现实，不敢承担责任，平常大言不惭，遇到困难就畏缩不前了。

## 🪨 管理的哲理

处于剧烈变革的商业时代，竞争的激烈程度已远远超出了以前，风险和危机就像达摩克利斯之剑，不知什么时候就会降临到我们身上。现代人面对压力大多会采取回避的态度，明知问题即将发生也不去想对策，结果只会使问题更趋复杂，更难处理。作为企业管理者，应当以正确的心态面对风险和挑战，困难面前要知难而上，这样才能在危机中开拓出一条生路，为企业赢得良好的发展机遇。

面对危机时，不正视现实，不主动出击，一味采取回避的态度，最终只会给自己造成重大损失。只有迅速采取行动，果断承担责任，才会把损失降到最小。遇到障碍，如果选择绕过，可能会因此失去成功的机会，逃避的代价注定会是失望。

这个故事同时也告诫企业管理者，只有以积极的心态、不断进取的态度去正视现实，才能在面对困难时从容应对。

# §82　管理者本质上是传统的叛逆

阿西莫夫的智商——惯性思维

## ✎ 管理故事

阿西莫夫是美籍俄国人，世界著名的科普作家。阿西莫夫曾经讲过这样一个关于自己的故事。

阿西莫夫从小就很聪明，年轻时多次参加"智商测试"，得分总在160左右，属于"天赋极高"之人。有一次，阿西莫夫遇到了一位汽车修理工，和他是老熟人。

修理工对阿西莫夫说："嗨，博士，我来考考你的智力，出一道思考题，看你能不能正确回答。"

阿西莫夫点头同意。修理工便开始出题："有一位聋哑人，想买几枚钉子，就来到五金商店，对售货员做了这样一个手势：左手食指立在柜台上，右手握拳做出敲击的样子。售货员见状，先给他拿来一把锤子，聋哑人摇摇头。于是，售货员明白了，他想买的是钉子。"

"聋哑人买好了钉子，刚走出商店，接着进来一位盲人。这位盲人想要一把剪刀，请问，盲人将会怎么做？"

阿西莫夫顺口答道："盲人肯定会这样——"他伸出食指和中指，做出剪刀的形状。

听了阿西莫夫的回答，汽车修理工开心地笑起来："哈哈，答错了吧！盲人想买剪刀，只需要开口说'我买剪刀'就行了，他干吗要做手势啊？"

阿西莫夫只得承认自己的回答很愚蠢。而那位汽车修理工在考问前就认定他肯定答错，因为阿西莫夫"所受的教育太多了，不可能很聪明"。

## 🏛 管理的哲理

阿西莫夫之所以回答错误，是受了自己惯性思维的影响。惯性思维就是思维沿前一思考路径以线性方式继续延伸，并暂时地封闭了其他的思考方向。惯性思维是创新思维的极大障碍。

现代社会的竞争之激烈，是历史上任何一个时代都无法比拟的。从一般意义上来说，应变和创新能力已经成为一种关键的生存能力。谁能及时地正确洞察社会变化，并能做出最迅速的反应，谁就将走在前头；而头脑封闭、反应迟钝、因循守旧、故步自封的人，就会一再地坐失良机。

一个优秀的管理者从本质上来说是一个传统的打破者，只有冲破旧的思想束缚，勇于创新，才能迎合时代发展的需要，成为一个真正的管理者。创新不是空洞抽象的，从根本上说就是要打破旧框框，突破传统观念的束缚，冲破本本主义、教条主义对人们的思想禁锢，把创新作为灵魂、动力和源泉，用创新的思路谋发展，用创新的措施破解发展中的难题。在实践中，管理者有必要认清形势，不要被惯性思维牵绊自己创新的脚步，努力寻求创新，突破管理中的困境。

# §83　人无我有，人有我新，人新我变

"一滴"创造了5亿美元利润

## 管理故事

约翰·洛克菲勒是举世闻名的石油大王，他曾经掌握全美制油业95%的市场份额。

洛克菲勒年轻的时候只是美国某石油公司的一名普通职员，他所做的工作连小孩都能胜任，就是巡视并确认石油罐盖有没有自动焊接好。

石油罐在输送带上移动至旋转台上，焊接剂便自动滴下，沿着盖子回转一周，作业就算结束了。他每天如此，反复好几百次地注视着这种作业，枯燥无味，厌烦极了。

他想创业，可又无其他本事。他发现罐子旋转一次，焊接剂滴落39滴，焊接工作便结束了。他想，在这一连串的工作中，有没有什么可以改善的地方呢？

一天，他突然想到：如果能将焊接剂减少一两滴，是不是能节省点成本？

于是，他经过一番研究，终于研制出"37滴型"焊接机。

但是，利用这种机器焊接出来的石油罐，偶尔会漏油，并不理想。但他不灰心，继续潜心研究，又研制出"38滴型"焊接机。

这次的发明非常完美，公司对他的评价很高。不久便生产出这种机器，改用新的焊接方式。虽然节省的只是一滴焊接剂，但"一滴"却给公司带来了每年5亿美元的利润。

## 🪨 管理的哲理

　　人生的改变总是从小的方面开始的，"改良焊接机"改变了洛克菲勒的人生。他成功的关键在于：他特别注意普通人往往会忽略的平凡小事；能见别人所未见，才能做别人所不能做。有了这种基础，企业必定能够做到"人无我有，人有我新，人新我变"。

# 84 主动出击是最好的防御

针头事件：百事可乐因祸得福

## 管理故事

百事可乐与可口可乐几度争抢碳酸饮料市场的霸主地位。但在激烈竞争的过程中，一次突发事件险些使百事可乐陷入被挤出市场的危机，这就是"针头事件"。

威廉斯太太从超级市场给孩子买了两听百事可乐，可是喝完以后，无意中将罐筒倒扣于桌上，竟然从里面掉出了一枚针头。威廉斯太太立即将此事告知了媒体，形势对百事可乐极为不利。

喝可乐竟然喝出了针头！这几乎是不可能的，也是百事可乐从未遇到的。这对于百事可乐公司来说无疑是一次突如其来的打击和考验，因为这一事件如果处理不好会直接影响到公司的信誉、市场占有率和竞争力。

百事可乐公司一得到"针头事件"的消息，立即采取了措施，一方面通过新闻媒体向威廉斯太太道歉，并给予威廉斯太太一笔钱以示安慰和补偿，公司还通过媒介向广大消费者宣布：谁若在百事可乐中再发现类似问题，必有重奖。另一方面，公司在生产线上加大了质检力度，还邀请威廉斯太太参观。

此举不但消除了"针头事件"的不良影响，赢得了威廉斯太太的赞扬和信任，还在消费者中树立了诚实和勇于正视自身错误的良好形象。

纵观百事可乐公司处理"针头事件"的全过程，我们不得不叹服该公司决策者的理智和临危不惧的心理素质：在突发危机面前，他们不但及时、迅速、果断地推出了一系列可行措施，还采取手段使不利事件向有利于自己的一面转化，既化解了矛盾，打消了消费者的顾虑，还刺激了消费者的好奇心。

百事可乐也算是因祸得福，不仅没有使销量下降，反而使购买百事可乐的消费者倍增。

## 📚 管理的哲理

在管理和经营活动上，变"危"为"机"，化害为利都是一种不可或缺的能力，只有具备了这个能力才不至于将自己置于被动和危险之中。危机来临时，你必须冒险做些未曾尝试过的事，以期奇迹出现。

在竞争日益激烈的环境下，谁掌握着控制权，谁就掌握了未来的主动。所以，当危机（或风险）降临时，无论是企业，还是个人，都必须做出迅速的反应来挽回损失。"主动出击是最好的防御"，在一般情况下，这个原则总是适用的。

 **85** 将公司变成一锅沸水

世界上最无情的管理者

### ✎ 管理故事

　　20世纪80年代初，通用电气在将近30个国家设有130家制造厂，雇员多达40万人。韦尔奇面对的是一个"慢性多发症病人"，350家企业中，约有1/3正在亏损，1/2的企业正在走下坡路。韦尔奇认为，非动大手术不可。不是一次性地彻底整改，而是连续不断地改革，将生机与活力不断注入它体内。

　　他打了一个比方："如果你把一只青蛙放进一锅冷水里，然后慢慢加热，青蛙会静静躺着直到死去。但如果你先把这锅水煮沸，再把青蛙扔进去，它肯定会竭力挣扎，努力跳出来，以求生存。"

　　因此，他要将通用公司变成一锅沸水，让每个人竭力挣扎，跳起来求生存。

　　在手下一帮军师们的参谋下，韦尔奇开始了一场大刀阔斧的革命。从1981年到1989年，韦尔奇将350个工厂和经营单位裁减合并成13个主要的业务部门，卖掉了价值100亿美元的资产，并添置了180亿美元的资产；他裁减了以前重叠的管理机构，将40万名员工缩减到29万人，并将29个工资级别缩小为5个粗线条的等级。

　　韦尔奇调整结构的标准是：要看这个下属企业是否能跻身同行业前两名，如果排在第三名或者第四名，那么，就毫不客气地将它砍掉。

　　就这样，在短短5年时间里，韦尔奇砍掉了通用电气公司25%的下属企业，削减了十万份工作。这是一场毫不留情的革命。那些被

裁者给韦尔奇起了一个"中子弹杰克"的绰号，他还被认为是世界上最无情的管理者。

有人甚至以暴君的形象来描述他。因为被他砍掉的企业并非都是业绩不良的，只是不能排名行首而已。尽管这种做法在今天看来是正确的，但当时简直像捅了马蜂窝一样。在以后的七八年里，韦尔奇被各种舆论包围着。有人赞赏他，更多的人怨恨他。

管理革命完成后，韦尔奇便着手企业文化的变革，其中最具特色的是集合集体智慧，发动各阶层职员为公司出谋划策。此举大大调动了职员的参与感，有效地激发了组织潜力。

进入20世纪90年代，韦尔奇管理革命的步伐仍在继续。从1989年到1993年，公司的人数再削减为22.5万人，13个部门只剩下12个。

的确，韦尔奇将通用电气公司变成了一锅沸汤，能够幸存的"青蛙"们一定是行动特别积极的精干力量。至1996年，通用电气公司以1373亿美元的资产总额在美国1000家大公司中名列榜首，韦尔奇的改革终于获得成功，并最终得到社会的认可。

## 🪨 管理的哲理

成功的领导者是一个把变革当成日常工作的人。没有创新精神的人永远只能是一个执行者。如果想成为一个优秀的领导者，就要像杰克·韦尔奇一样，不对新鲜的、令人惊异的和表面上过激的事物过早地关闭自己的心灵，认真地把变革创新当成一种日常工作，随时准备把组织中不合理的现象剔出。

2500年前，古希腊的学者就指出：唯一千古不变的事物就是变化。宇宙在变，地球在变，国家在变，社会在变，人在变，而组织作为人的活动的榜样之一，更是处于不断的变革之中。

领导者应该不满足现状，追求完美，不断地超越现实，使事情变得更好，不断地创造奇迹。

# 86　他山之石，可以攻玉

美孚石油公司：对手是最好的老师

## ✎ 管理故事

埃克森美孚公司是由洛克菲勒建立的。早在1992年时，美孚公司的年收入就比世界上大部分国家的收入还高。不过，美孚公司还想做得更好。

为了提高销售业绩，公司做了一项调查，询问了服务站的4000位顾客，什么服务对他们来说是最重要的。结果显示，仅有20%的被调查者认为石油的价格是最重要的，80%的人认为以下三样同样重要：一是能提供帮助的友好员工；二是快捷的服务；三是对他们的忠诚消费予以认可。

这一调查结果促使美孚公司对服务进行变革，具体内容分别以经营、客户服务、顾客忠诚度作为对标项目。然后，公司根据对标项目作为目标，去寻找经营最好、客户服务最优和回头客最多的标杆企业，对相应的最佳企业实地进行研究，以此为榜样来改造美孚遍布全美的加油站。

经过一番认真的寻找，锁定了以快捷方便的加油站服务而闻名的潘斯克公司、获得不寻常的顾客满意度的丽嘉-卡尔顿酒店以及有众多回头客的"家居仓储"为对标企业。

美孚公司通过对上面三个标杆企业的学习、研究和实践，最终形成了新的加油站概念——"友好服务"，目的是努力使客户在加油时也会获得愉快的体验。结果，公司竞争实力大大加强，当年加油站的收入就增长了10%。

而到了2000年的时候，美孚公司全年销售额高达2320亿美元，位居全球500强企业第一位。我们可以看到，这就是标杆学习带来的成功。

美孚石油公司通过不断地向标杆企业学习，从而推动了自己从优秀到卓越。

## 管理的哲理

古人云：三人行，必有我师。学无止境，一个人在成长的过程中，应当不断地努力学习。不但要向书本学习，还要向他人学习，更要向对手学习。要渗透只有学习才能不断进步、长久生存的道理。一个人的生命在于学习，一个企业的生命亦如此。

要善于向竞争对手学习，学习他的长处和优势，正所谓他山之石，可以攻玉。尤其在当今这样一个市场竞争异常激烈的时代，学习应该是每个企业永恒的主题。学习，不仅仅是自我知识和技能的提升，还包括利用他人身上值得借鉴的地方，来完善自我。尤其是向标杆企业学习，通过学习，取长补短，有的放矢地整合自身的优势资源，增强自己的竞争力，才是真正实现企业可持续发展的道路。

# 【管理导航】创新领导五特质

企业的管理者要适应新形势，与时俱进，就必须具备如下五个特质：

## 1.能集中注意力于真正的大事

管理者首要之务便是能够总揽公司事务。掌握优先顺序，然后集中火力把主要精力用于最重要的一两件大事上。当管理者总能抓住核心问题时，员工自然就会听从追随你。管理者应该将精力聚焦于公司的宗旨、愿景和目标，以及如何提高公司达到这些要求的能力上，避免背上官僚体制的包袱，也避免陷入细节小事，见树不见林。

## 2.懂得沟通与带社团技巧

要善于倾听员工的意见，并且要及时转达领导意见。因此，要懂得授权、懂得带领团队，要有精力和热情，能够激励自己及员工，能找出团队成员间的共同点，容许分歧的存在，并且及时化解冲突等。

此外，不戴面具的管理者最能吸引员工，即便管理者要求再严格，甚至很难相处，只要能对他有正确的预期，就可建立对他的依赖感。

## 3.有很好的执行力

管理者也要有落实计划的能力。要达成这个目的，就必须认定符合现实的目标，分派职责给员工，并且提供给他们达成这些目标的支持和资源。管理者还要设定阶段任务时间表，按时检验目标的达成进度，使执行过程保持一致性，并留有必要时进行弹性调整的空间。

## 4.具有策略思考能力

所谓策略，就是选定公司想要登上的竞争新舞台，然后建立公司在这个领域的优势。管理者必须有能力看出公司在业界或大环境中最适合自己的位置。

## 5.能够应变

管理者不只要告诉员工好消息也要告诉员工坏消息，管理者不能害怕承认公司的致命伤甚至是失败，以便于做战略与计划的调整。